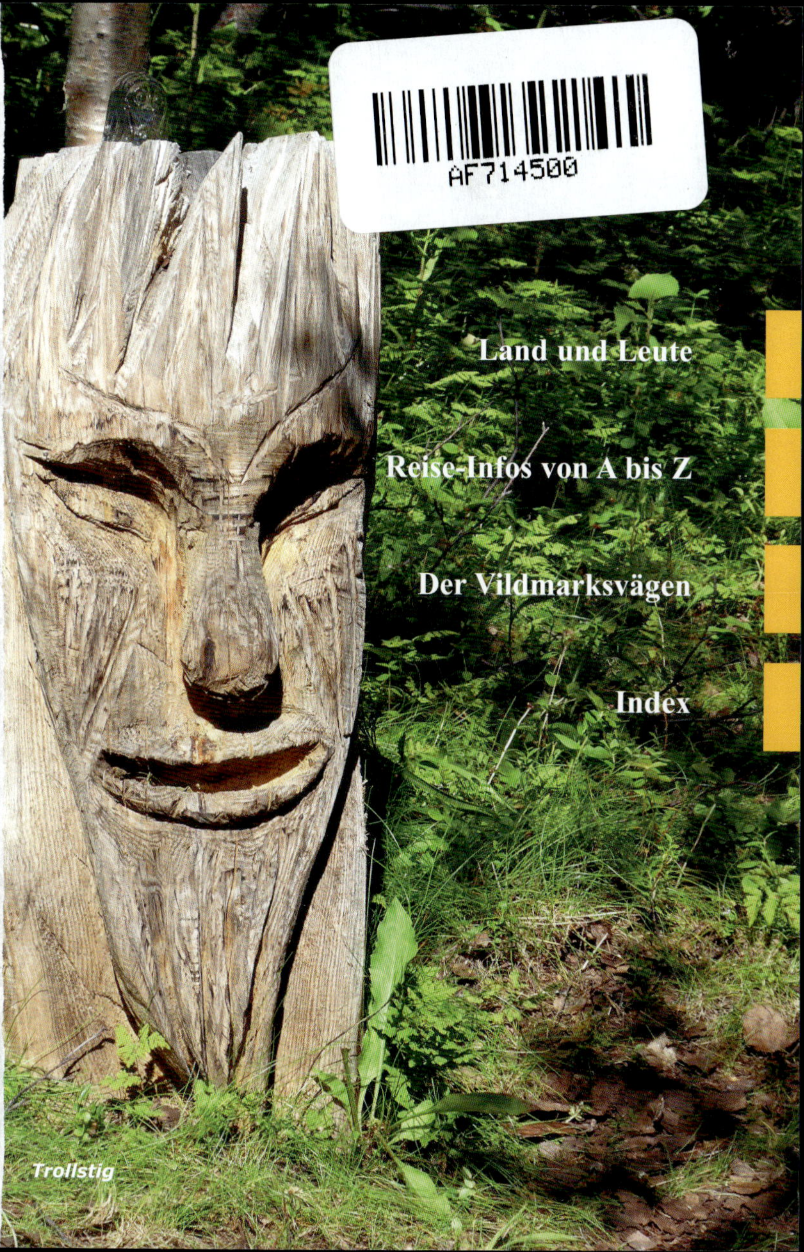

AF714500

Trollstig

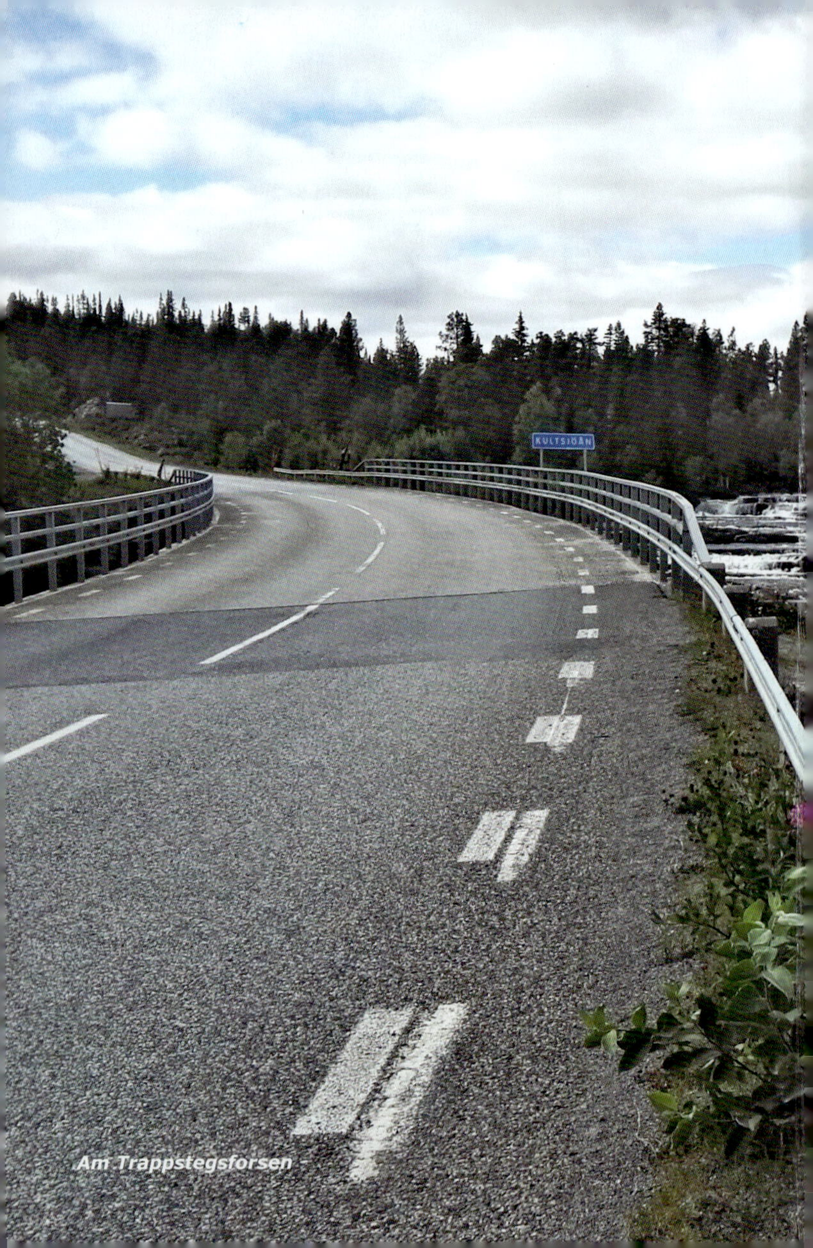

Am Trappstegsforsen

Band 490

OutdoorHandbuch

Dietrich und Sigrid Bender

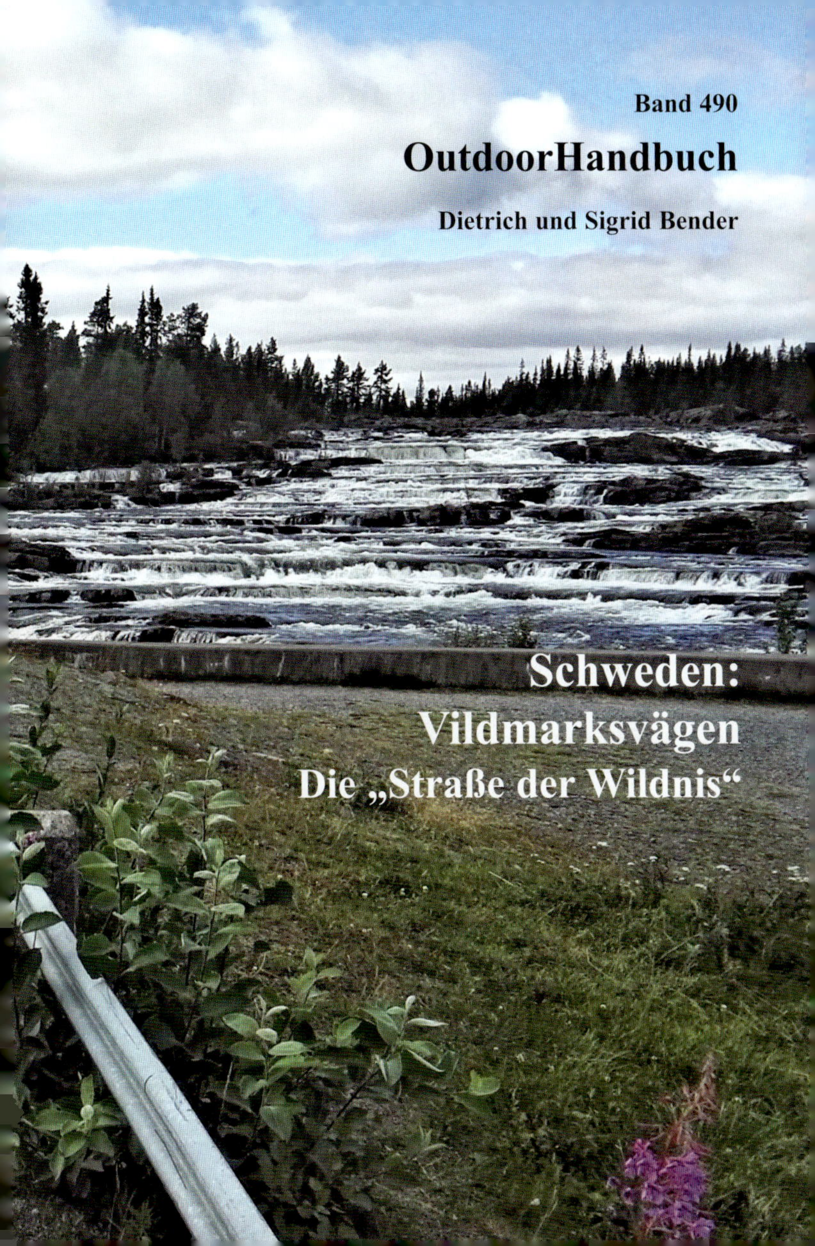

Schweden: Vildmarksvägen

Die „Straße der Wildnis“

Schweden: Vildmarksvägen

Dieses OutdoorHandbuch wurde konzipiert und redaktionell erstellt vom:

Conrad Stein Verlag GmbH
Kiefernstr. 6, 59514 Welver
☏ 023 84/96 39 12
info@conrad-stein-verlag.de
www.conrad-stein-verlag.de
www.facebook.com/outdoorverlag
www.instagram.com/outdoorverlag

Der Nachdruck, die Übersetzung, die Entnahme oder Kopie von Texten, Karten, Abbildungen und Symbolen sowie die Verwertung auf elektronischen Datenträgern, die Einspeicherung in Medien wie Internet (auch auszugsweise) sind ohne vorherige schriftliche Genehmigung des Verlags unzulässig und strafbar.

Copyright Conrad Stein Verlag GmbH. Alle Rechte vorbehalten.

Klimaneutral
Druckprodukt
ClimatePartner.com/53106-2303-1006

Als Outdoor-Verlag sind uns der Schutz und die Erhaltung der Natur seit jeher ein besonderes Anliegen. Auch in Sachen Klimaschutz haben wir eine Vorreiterrolle inne: Wir sind der einzige Buchverlag in Deutschland, der bereits seit 2008 seine Bücher konsequent klimaneutral in Deutschland produzieren und transportieren lässt. Dabei wird nicht nur klimaneutral, sondern auch nachhaltig, d. h. so umweltschonend wie möglich produziert, z. B. durch die Auswahl von umweltfreundlichen Materialien. Die bei der Produktion der Bücher entstandenen CO_2-Emissionen werden durch die Unterstützung von zertifizierten Klimaschutzprojekten ausgeglichen. Jedes Buch wird daher mit dem Logo „klimaneutral“ und einer Climate-Partner-Zertifikatsnummer versehen. Mithilfe dieser Nummer können Sie unter www.climatepartner.com Informationen zu der eingesparten CO_2-Menge und dem Projekt finden, das mit der Abgabe gefördert wird.

Das Engagement des Conrad Stein Verlags wurde im Rahmen des Projekts „Klimaneutraler Buchverlag“ mit dem Westenergie Klimaschutzpreis 2022 ausgezeichnet.

Die „Straße der Wildnis“ 5

OutdoorHandbuch Band 490

ISBN 978-3-86686-774-1 1. Auflage 2023

Text und Fotos: Dietrich und Sigrid Bender
Karten: Dieter Großelohmann
Lektorat: Anna-Lena Ebner
Layout: Alexandra Sauerland

Gesamtherstellung: AZ Druck und Datentechnik GmbH, Kempten

Dieses OutdoorHandbuch hat 128 Seiten mit 41 farbigen Abbildungen, 8 farbigen Illustrationen sowie 11 farbigen Kartenskizzen im Maßstab 1:375.000, 1 farbigen Stadtplan und 1 farbigen, ausklappbaren Übersichtskarte.

Alle Informationen, schriftlich und zeichnerisch, wurden nach bestem Wissen zusammengestellt und überprüft. Sie waren korrekt zum Zeitpunkt der Recherche. Eine Garantie für den Inhalt, z. B. die immerwährende Richtigkeit von Preisen, Adressen, Telefonnummern und Internetadressen, Zeit- und sonstigen Angaben, kann naturgemäß von Verlag, Autor und Autorin – auch im Sinne der Produkthaftung – nicht übernommen werden.

Autor, Autorin und Verlag freuen sich über Ihr Feedback. Schreiben Sie Ihre Tipps und Verbesserungen an info@conrad-stein-verlag.de oder nutzen Sie unsere Social-Media-Kanäle. Bitte nennen Sie dabei Titel, Auflage und Seitennummer.

Dieses Buch ist im Buchhandel und in Ausrüstungsläden erhältlich und kann im Internet oder direkt beim Verlag bestellt werden.

Titelfoto: Am Litsjöforsen

Inhalt

☺ Eine **Übersichtskarte** des Weges, **Autorenprofil** sowie eine Liste aller verwendeten **Symbole** in diesem Buch finden Sie auf den vorderen und hinteren Umschlagseiten bzw. -klappen.

Einleitung

Vildmarksvägen

Allein das Wort klingt schon nach Abenteuer. Der Vildmarksvägen ist eine der Traumstraßen Schwedens.

Durch dunkle urwüchsige Nadelwälder an den Hängen der mächtigen Fjälls wandern; im Sprühnebel tosender Wasserfälle stehen, in denen der Fluss in gewaltigen Kaskaden über Felsstufen hinabstürzt; in den unzähligen Seen und Flüssen die Angel auswerfen, um eine Äsche oder Forelle zu erbeuten; baden inmitten von Stromschnellen; über die Fjällheide bis hinauf zu den Gipfeln der Berge mit ihren imposanten Ausblicken wandern; in die Tiefen der Korallgrottan zu einer Entdeckungstour in Schwedens längster Karsthöhle absteigen – für all diese Erlebnisse müssen Sie keine anstrengenden tagelangen Wanderungen auf sich nehmen. Sie finden sie entlang des Vildmarksvägen, auf dem Sie mit Ihrem Fahrzeug aus den dichten Wäldern in den Tälern auf einer gut ausgebauten Straße bis hinauf in die Gebirgsregion des Kalfjäll gelangen. „Auf vier Rädern durchs Fjäll“ heißt dementsprechend auch der Werbeslogan der Broschüren in den Touristenbüros für diesen einzigartigen Roadtrip.

Typische Kiesstraße

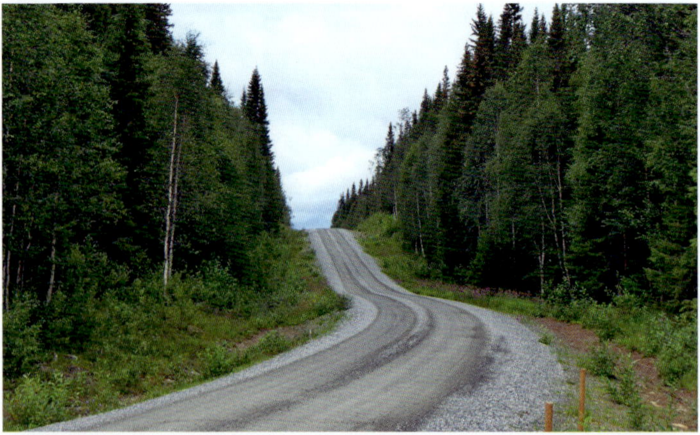

Aber diese touristische Route bietet mehr als nur Naturerlebnisse. Das Land, durch das Sie fahren, ist auch ein altes Kulturland, in dem die Rentiere züchtenden Saminnen und Samen und die schwedischen Siedlerinnen und Siedler, die Nybyggare, ihre Spuren hinterlassen haben. Alte Kirchdörfer zeugen von den Treffpunkten beider Bevölkerungsgruppen, Wanderwege durchziehen das Gebiet, auf denen schon vor mehr als hundert Jahren Menschen gezogen sind, um in Norwegen Handel zu treiben, und sie übernachteten auf dieser Reise in Gehöften, die heute noch zu sehen sind. Restaurierte Siedlerhütten und samische Siedlungen vermitteln ein eindrucksvolles Bild davon, wie die Menschen in dieser wilden Landschaft um ihre Existenz gerungen haben.

Etliche Künstlerinnen und Künstler hat der Reiz dieser Landschaften angelockt und sie bewegt, ihre Ateliers hier einzurichten.

Machen Sie sich auf den Weg, auf dem eine Vielzahl von eindrucksvollen Erlebnissen auf Sie wartet.

Verlauf der Route

Vildmarksvägen wird eine touristische Route genannt, die in Jämtland und Västerbotten in einem großen Bogen von der Europastraße 45 hinüber nach Westen bis in die Gebirgsregionen des schwedisch-norwegischen Grenzgebirges und wieder zurückführt.

Das Kernstück dieser Straße ist der Abschnitt, der von Strömsund über Gäddede nach Vilhelmina führt und eine Länge von 370 km hat. Auf ihm liegen die eindrucksvollsten Landschaften der Route.

Rechnet man die 130 km lange Verbindung auf der E 45 zwischen Strömsund und Vilhelmina dazu, auf der ebenfalls touristisch interessante Ziele liegen, kommt man insgesamt auf ca. 500 km für die komplette Runde.

Dieser Reiseführer beschreibt die Route von Strömsund ausgehend, da die Anreise meist von Süden aus erfolgt.

Sie folgen zunächst der Europastraße 45, die Sie über Hoting und Dorotea nach Vilhelmina bringt. Hinter dieser Stadt biegen Sie links ab auf das Herzstück des Vildmarksvägen. Die Route führt nun durch Täler mit dichten Nadelwäldern, reißenden Flüssen und einer Vielzahl von Wasserfällen und Stromschnellen, die sich mit lang gezogenen Seen abwechseln, in denen sich die oft im Sommer noch schneebedeckten Gipfel der Fjälls spiegeln.

Kurze Wandertouren bringen Sie mitten hinein in die urwüchsige Natur der Fjälls.

Kleine Ortschaften, ein Kirchdorf und restaurierte alte Höfe bieten kulturelle Sehenswürdigkeiten. Hinter Klimpfjäll steigt die Straße dann hinauf auf die weite Hochfläche von Stekenjokk ins hochalpine Gebiet des Kalfjäll. Hier liegen die Sommerweiden der Rentiere, die Sie mit etwas Glück auch zu sehen bekommen.

Dahinter senkt sich die Straße wieder und taucht erneut in die endlos scheinenden Wälder ein, vorbei am Karstgebiet des Bjurälven mit seinen Dolinen, Höhlen und unterirdischen Flussläufen. Ankarede, ein weiteres Kirchdorf, liegt am Weg, der Sie nach Gäddede führt. Ein Abstecher bringt Sie zu dem eindrucksvollen Hällingsåfallet mit seinem 800 m langen Canyon, bevor auf der folgenden Strecke nach Strömsund militärische Schanzen aus der Zeit des Zweiten Weltkriegs zu sehen sind.

Nebenstraßen bieten weitere Möglichkeiten, interessante touristische Ziele kennenzulernen.

Die Straßen nach Norråker und Borgafjäll führen tief hinein in die Gebirgswelt der Fjälls.

Der Björnvägen verläuft parallel zum Vildmarksvägen durch ein Gebiet mit großer Bärenpopulation.

Ein Trailer, der anschaulich die Highlights der Route zeigt, findet sich auf der Verlagshomepage, wenn Sie dort dieses Buch suchen. Der abgebildete QR-Code führt Sie direkt dorthin.

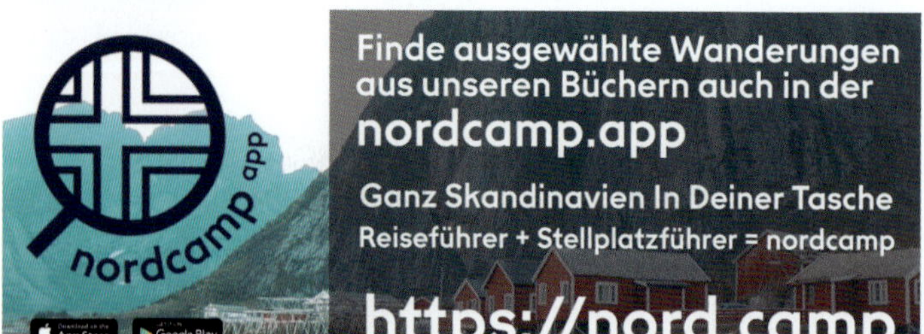

Land und Leute

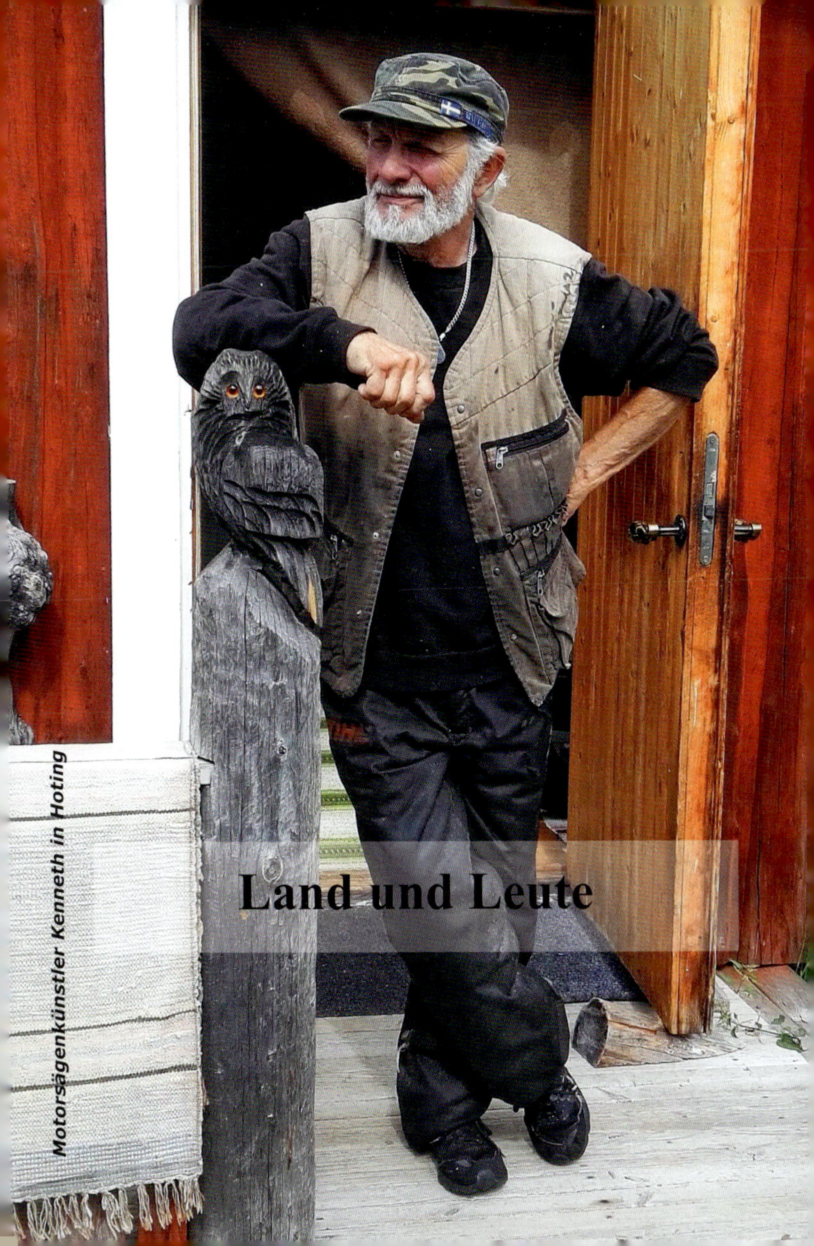

Motorsägenkünstler Kenneth in Hoting

Naturlandschaft

Der Vildmarksvägen führt auf weiten Strecken durch typische Fjälllandschaften mit ihren Besonderheiten und ihrer landschaftlichen Schönheit. Die Gebirgslandschaften bestehen aus einzelnen Gebirgsstöcken, die von gerundeten Kuppen und weiten Hochflächen geprägt sind, aus denen in manchen Fjälls schroffe Berggipfel aufragen.

Das Högfjäll ist mehr als 1.200 m hoch, liegt oberhalb der Baumgrenze und ist geprägt von niedriger Tundravegetation, kahlen weiten Flächen, die teilweise mit Blockhalden durchsetzt sind, und schroffen Gipfeln. Schnee kann hier bis weit in den Sommer hinein stellenweise vorkommen, Gletscher bilden sich aufgrund der nördlichen Lage bereits in tieferen Lagen, als man es aus den Alpen gewohnt ist. Die Berge um das Stekenjokk-Plateau reichen zum Teil bis in diese Höhen.

Unterhalb von 1.200 m spricht man von Lågfjäll, aus dem große Teile der skandinavischen Berge bestehen. Weite von Fjällheide überzogene Gebiete bilden hügelige, sanft gerundete Landschaften, die in den unteren Lagen allmählich in Birkenwald übergehen, der hier anstelle der Latschenkieferbestände der Alpen den Übergang zur Baumzone bildet. Die baumlosen Gebiete der Berge werden auch als Kalfjäll bezeichnet.

In noch tieferen Lagen breiten sich an den Hängen der Fjälls und in den Tälern dichte Misch- und Nadelwälder aus.

Begegnungen mit Tieren

Auf Wanderungen werden Sie manchmal Möglichkeiten zu Tierbeobachtungen haben. Die meisten träumen von einer Begegnung mit dem König der Wälder, dem Elch. Speziell in den Abendstunden steigen die Chancen dafür. Halten Sie Abstand, speziell eine Elchkuh mit Jungen kann schnell aggressiv werden, wenn sie sich bedroht fühlt.

Das Gebiet zwischen Strömsund und Gäddede weist eine ungewöhnlich große Population von Braunbären auf. Wahrscheinlich werde Sie dennoch kaum einen Braunbären zu Gesicht bekommen. Dennoch gibt es manchmal bei Wanderungen, auf Rastplätzen oder entlang der Landstraße, besonders auf wenig befahrenen Nebenstraßen, Begegnungen mit diesen scheuen Tieren. Auch hier gilt die Grundregel: Abstand halten und dem Tier nicht den Weg versperren, sondern ruhig ausweichen.

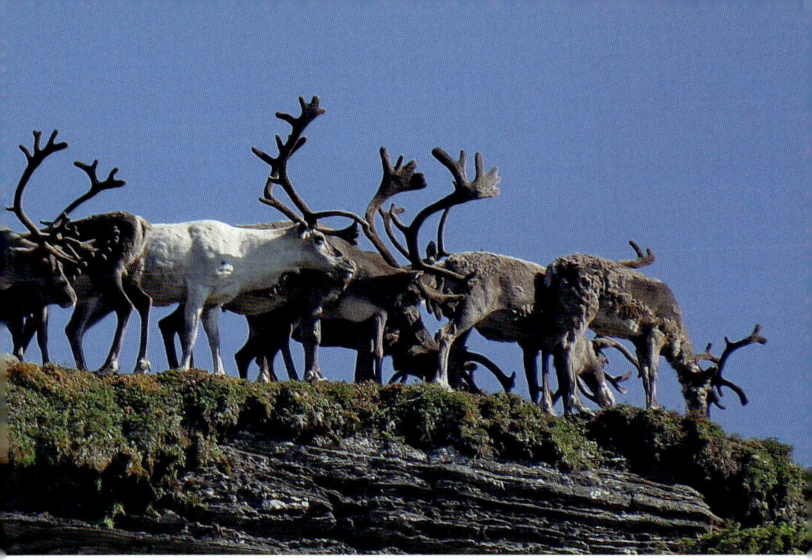

Begegnung mit einer Rentierherde

Dagegen werden Sie eher, wenn Sie in der richtigen Jahreszeit unterwegs sind, Rentiere sehen. Oft geschieht dies entlang der Straßen, an denen einzelne Tiere oder kleinere Gruppen in den Straßengräben weiden. Drosseln Sie das Tempo und bleiben Sie bremsbereit. Häufig springen die Tiere unvorhersehbar auf die Fahrbahn, wo sie dann planlos vor Ihrem Auto hin- und herlaufen.

Oben auf dem Stekenjokk-Plateau, wo sich die Sommerweiden der Rentiere befinden, besteht die Möglichkeit, in dem weitläufigen Gebiet kleinere Herden beobachten zu können.

Im Gebiet des Vildmarksvägen wird Rentierzucht durch die ortsansässigen Saminnen und Samen betrieben. Die Tiere weiden dabei die meiste Zeit im Jahr frei im Gelände. Im Sommer sind sie oft in höheren Lagen auf Schneefeldern zu finden, wo sie Kühlung und Schutz vor der Mückenplage suchen. Achten Sie bei Begegnungen mit ihnen darauf, sie nicht zu stören.

- ▷ Halten Sie Abstand zu den kleineren oder größeren Herden, damit die Tiere in Ruhe weiden können.
- ▷ Je weniger Lärm Sie machen, desto weniger fühlen sich die Tiere gestört.
- ▷ Wenn Sie im Kalfjäll auf dem Stekenjokk-Plateau wandern und es nähert sich Ihnen eine Gruppe von Rentieren, warten Sie, bis der Weg wieder frei ist, oder umgehen Sie die Tiere. Wenn Sie weiterlaufen, besteht die

Gefahr, dass die Herde sich zerstreut. Dies ist besonders dann wichtig, wenn die Herde zu Markierungsarbeiten von Rentierwächterinnen und -wächtern (*renvaktare*) zu den Sammelplätzen in ein Gehege (*rengärde*) getrieben wird. Die ärgerliche Reaktion der Saminnen und Samen ist dann unausweichlich.

▷ In Gebieten mit Rentierzucht sind Sie verpflichtet, Ihren Hund stets an der Leine zu führen. Frei laufende Hunde werden von Rentieren als starke Bedrohung angesehen. Die Herden können in Panik geraten und unkontrolliert flüchten.

„Mücken müssen Sie mögen!" In Schweden sollen etwa fünfzig Arten von Mücken vorkommen. Regelrechte Mückenplagen gibt es jedoch nicht in jedem Jahr und nicht an jedem Ort. Sie sind abhängig von den Wetterlagen in Winter, Frühjahr und Sommer.

Bei Ausflügen, Wanderungen oder auch auf Stell- und Campingplätzen werden Sie es mit den kleinen Plagegeistern zu tun bekommen. Wenn dann der Boden der Umgebung noch feucht und sumpfig ist, kann es bei Windstille durchaus passieren, dass die Mücken Ihnen lästig fallen. Auf Wanderungen geschieht dies meist bei einer Rast. Solange Sie in Bewegung bleiben, werden Sie weniger Probleme haben. Deshalb empfiehlt es sich, den Rastplatz gut zu wählen. Die Nähe zu stehenden Gewässern oder moorigen Flächen sollte vermieden werden. Suchen Sie freie Lichtungen, wo der Wind etwas weht. Sobald Sie im Kalfjäll sind, lässt die Mückenplage nach, denn der hier oben wehende Wind sorgt dafür, dass die Mücken in der niedrigen Vegetation Schutz suchen.

Unangenehm sind auch die sogenannten *knott*, sehr kleine Mücken, auch als „Kriebelmücken" bekannt. Daneben treten vor allem in der Nähe von Gewässern Bremsen auf, deren Stich schmerzhaft sein kann.

Mit geeigneten Maßnahmen können Sie sich jedoch vor allen Mücken schützen.

▷ Verwenden Sie bei Ihrem Wohnmobil oder Wohnwagen Mückenschutzvorhänge.

▷ Mückenschutzmittel auftragen. Wir haben mit Autan gute Erfahrungen gemacht. In Schweden bekommt man Dschungelolja, ein wirksames, sich aber schmierig anfühlendes Einreibemittel, sowie Produkte mit Beckolja, das jedoch einen durchdringenden Geruch nach Holzteer hat und Ihnen nicht nur die Mücken, sondern auch die Mitwandernden vom Hals hält.

- ▷ Mückendichte Kleidung, durch deren Stoff kein Mückenstich geht. Outdoorausrüster werben hier mit speziellen Stoffen.
- ▷ Nicht in den Abendstunden wandern. Wenn die Sonne untergeht und der Wind einschläft, werden die Mücken erst recht aktiv.

In den Sommermonaten verstärkt sich die Mückenplage von Monat zu Monat. Im Herbst, speziell nach den ersten Nachtfrösten, ist sie verschwunden.

Kulturlandschaft und Geschichte

In dem Gebiet des heutigen Vildmarksvägen gab es in früheren Jahrhunderten keine Straßenverbindungen, nur schmale Pfade, auf denen man die Gebirge queren konnte. Regelmäßig zogen die Saminnen und Samen mit ihren Rentierherden im Frühjahr in die Berge und im Herbst zurück in die Wälder im Osten.

Auch die ersten schwedischen Siedlerinnen und Siedler konnten die Orte, an denen sie sesshaft werden wollten, nur über solche Pfade oder mit Booten über die zahlreichen Seen erreichen, die in der warmen Jahreszeit einen günstigen Verkehrsweg bildeten.

Erst nach 1900 entstanden Straßen in Richtung Westen, die Orte wie Saxnäs oder Klimpfjäll an das Wegenetz im Osten des Landes einschließlich der 1918 erbauten Eisenbahnlinie der Inlandsbanan anschlossen. Aber noch 1938 führte z. B. kein Weg nach Marsliden. Die Strecke über das Stekenjokk-Plateau wurde erst 1969 im Zusammenhang mit der Anlage einer Erzgrube in den Bergen, die bis 1989 in Betrieb war, erbaut. Die Straße führt dort bis in eine Höhe von 875 m und gilt deshalb als eine der höchst gelegenen Landstraßen Schwedens. Höher gelegen ist nur der Weg über Flatruet in Jämtland, der allerdings nicht asphaltiert ist. Die Ortschaften Klimpfjäll und Stora Blåsjön vergrößerten sich in dieser Zeit, da sie die Wohnorte der Grubenarbeiter waren.

Der Vildmarksvägen führt auf weiten Teilen durch Lappland, das Land, in dem die Saminnen und Samen siedelten, um dort Rentierzucht zu betreiben – was sie noch bis in die heutige Zeit tun.

Lappland bezeichnet eine Landschaft in Skandinavien, deren Grenzen unterschiedlich gezogen werden. Die umfassendste Definition ist die, dass damit Sápmi, das gesamte Siedlungsgebiet und der Kulturraum der in früheren Zeiten Lappinnen und Lappen genannten Saminnen und Samen (Sámi) bezeichnet wird.

Dieses Gebiet erstreckt sich in Nordskandinavien über die heutigen Staaten Norwegen, Schweden, Finnland und Russland. Die ursprüngliche Lebensweise dieser Rentiere züchtenden Menschen bestand darin, den jahreszeitlich bedingten, grenzüberschreitenden Wanderzügen ihrer Herden zu folgen. Auch wenn dadurch nie ein eigener Staat dieser indigenen Bevölkerung entstehen konnte, gibt es ein starkes samisches Zusammengehörigkeitsgefühl und Nationalbewusstsein. Die gemeinsame samische Flagge, die oft gezeigt wird, verdeutlicht dies.

Mittlerweile haben die Saminnen und Samen bestimmte Rechte, ihre Kultur und die Landnutzung betreffend, von den Ländern bekommen, in denen sie leben. In Norwegen, Schweden und Finnland gibt es staatlich anerkannte, gewählte parlamentarische samische Vertretungen, in Russland wird eine solche nicht anerkannt.

Das schwedische Sametinget hat Verwaltungsaufgaben und den Auftrag, die samische Kultur zu fördern.

Ein gemeinsames länderübergreifendes Parlament hat seinen Sitz im norwegischen Karasjok.

Wenn in diesem Buch von Lappland die Rede ist, bezieht sich das auf die Landschaft Schwedisch-Lappland, die sich über die heutigen Provinzen Norbottens Län und Västerbottens Län erstreckt.

Die samische Kultur hat dem Land seinen Stempel aufgedrückt. An vielen Orten kann man heute noch sehen, wie man früher in Kotas gelebt hat oder sich in Kirchdörfern an Feiertagen getroffen hat. Rengärden, Einzäunungen, in denen zusammengetriebene Rentiere markiert oder zur Schlachtung aussortiert werden, zeigen, dass auch heute noch aktiv Rentierzucht betrieben wird.

Ab dem 19. Jahrhundert wurde die Gegend auch von schwedischen Siedelnden, den Nybyggaren, besiedelt. Es war mühsam, in der kargen, klimatisch ungünstigen Welt der Fjälls Landwirtschaft zu betreiben. Hungerjahre forderten viele Opfer und um 1900 zogen es viele Menschen vor, lieber nach Amerika auszuwandern, als weiter von Jahr zu Jahr in Not zu leben. Siedlungen wie Marsliden geben einen Eindruck von der Mühsal der ersten Siedlerinnen und Siedler. In den Kirchdörfern Fatmomakke und Ankarede finden Sie viele Informationen über die damaligen Bräuche und das Zusammenleben zwischen Saminnen und Samen und Nybyggaren, das oft harmonisch verlief, manchmal aber auch von Zwistigkeiten überschattet war.

Reise-Infos von A bis Z

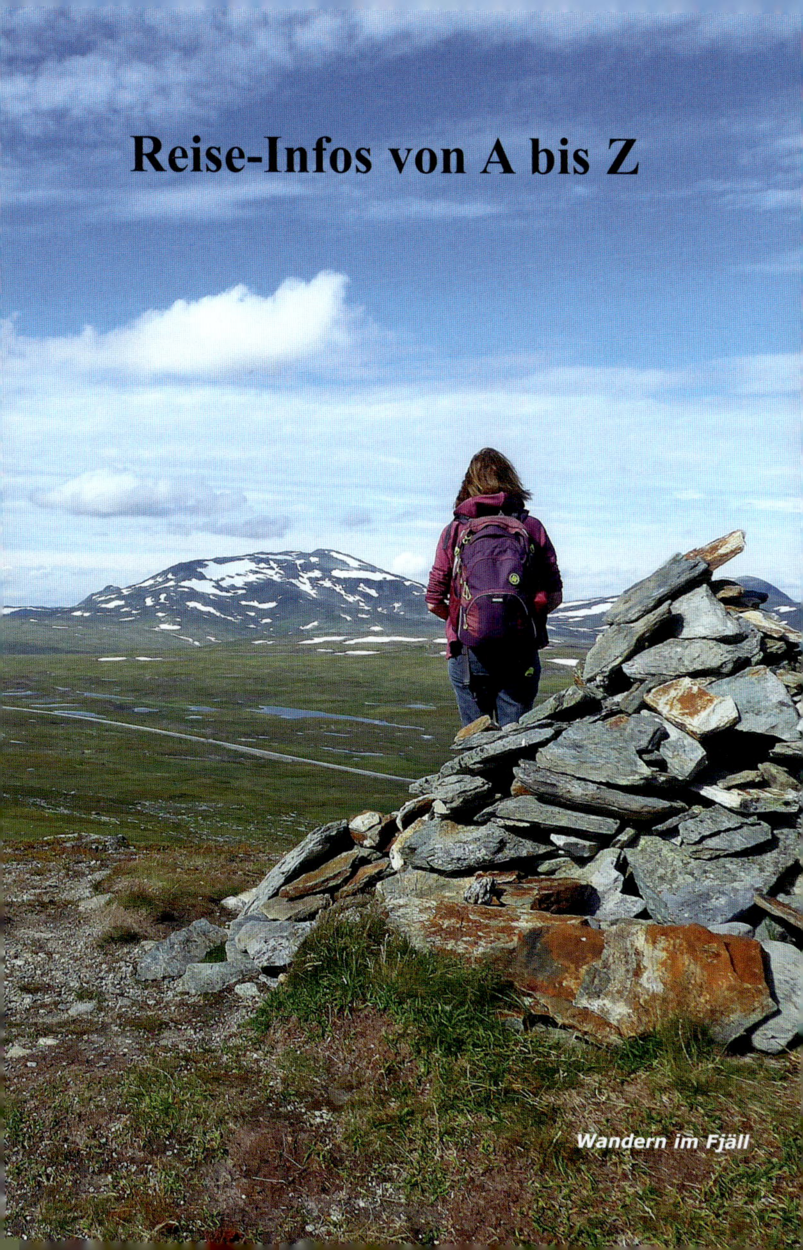

Wandern im Fjäll

Anreise

Es gibt mehrere große Einfallstore nach Schweden.

▷ Die Fährverbindung der TT-Line von Travemünde nach Trelleborg. Bei dieser Verbindung müssen Sie in Schweden allerdings noch weit fahren, bis Sie den Vildmarksvägen erreichen. Die E 6 führt Sie an der Westküste entlang nach Göteborg, wo Sie auf die E 45 wechseln, der Sie bis Strömsund, dem Beginn der Rundtour auf dem Vildmarksvägen, folgen.

💻 https://www.ttline.com

▷ Die Vogelfluglinie mit der Fähre zwischen Puttgarden und Rödby und der Weiterreise über die Öresundbrücke. Auch hier ist die Weiterreise in Schweden, die auf dem gleichen Weg erfolgt wie oben, noch lang.

💻 https://www.scandlines.de

♦ https://www.oresundsbron.com

▷ Die Fähren der Stena Line von Kiel nach Göteborg. Diese Verbindung erspart es Ihnen, die Strecke zwischen Trelleborg/Malmö und Göteborg fahren zu müssen.

💻 https://www.stenaline.de

▷ Die Fährverbindung Kiel – Oslo der Color Line. Von Oslo aus erreichen Sie bereits nach drei Fahrstunden bei Torsby die E 45, die Sie bis nach Strömsund führen wird. Die Verbindung hat die höchsten Preise, da die Fährfahrt sehr lange dauert. Dafür erleben Sie aber auch die fantastische Anfahrt durch den Oslofjord.

💻 https://www.colorline.de

Diese Vorschläge geben nur einen Teil der Anreisemöglichkeiten wieder.

✋ Da Norwegen kein EU-Land ist, gelten hier andere Einfuhrbestimmungen. Achten Sie bei der Einfuhr von Alkoholika und Zigaretten darauf.

Återvinningscentral

An diesen Recyclingstellen können Sie in vielen Ortschaften Ihren Abfall entsorgen. Informieren Sie sich vorher über die Öffnungszeiten.

Autofahren in Schweden

Verkehrsregeln

In Schweden gelten im Wesentlichen die gleichen Verkehrsregeln wie bei uns. Es gibt aber auch abweichende Bestimmungen und Besonderheiten. Hier einige der wichtigsten:

- Tagsüber muss beim Fahren immer das Abblendlicht eingeschaltet sein. Der Grund ist die nördliche Lage des Landes, die dafür sorgt, dass es wesentlich mehr Zeiten im Jahr gibt, an denen es dämmerig oder dunkel ist.
- In Ortschaften gilt im Normalfall eine Höchstgeschwindigkeit von 50 km/h, außerhalb je nach Beschilderung 70-100 km/h. Auf Schnellstraßen und Autobahnen kann die Höchstgeschwindigkeit 90-110, in Einzelfällen auch 120 km/h betragen. Für Fahrzeuge > 3,5 t und Gespanne gilt eine Grenze von 80 km/h.
- Geschwindigkeitskontrollen finden oft durch „Hastighetskameror" statt, die vorher durch Beschilderung angekündigt werden.

  Beachten Sie, dass Bußgelder in Schweden deutlich höher sind als in Deutschland.

  Denken Sie daran, dass es in Schweden keine Toleranzwerte bei der Auswertung der Messungen gibt.
- Eine durchgehende gelbe Linie am Fahrbahnrand weist auf ein Halteverbot hin, eine gestrichelte oder gezackte Linie bedeutet Parkverbot.

eingeschränktes Halteverbot an ungeraden Tagen

eingeschränktes Halteverbot an geraden Tagen

eingeschränktes Halteverbot nach Tagen bzw. Daten

- ▷ Vom 1. Dezember bis zum 31. März herrscht Winterreifenpflicht.
- ▷ Die Promillegrenze liegt bei 0,2 Promille.
- ▷ Es besteht Anschnallpflicht. Kinder unter 12 Jahren und bis zu einer Körpergröße von 135 cm brauchen einen geeigneten Kindersitz.
- ▷ Der durch eine dicht gestrichelte Linie markierte Seitenstreifen auf manchen Landstraßen ist keine reguläre Fahrspur, kann aber zum Ausweichen genutzt werden, um Überholvorgänge schnellerer Fahrzeuge zu erleichtern. Er ist in erster Linie als Fuß- und Radweg gedacht.
- ▷ Maut gibt es in Schweden für die Öresundbrücke und als Citymaut in Göteborg und Stockholm. Alle Fahrzeuge werden erfasst. Sie bekommen später eine Rechnung zugeschickt. Die Rechnungen werden auch nach Deutschland versandt.
- ▷ Bei Wildunfällen muss die Polizei benachrichtigt werden.

Das ist besonders bei Zusammenstößen mit Rentieren notwendig, um die Halterinnen und Halter der Tiere benachrichtigen zu können. Achten Sie auf Elche! Jedes Jahr finden gefährliche Unfälle mit diesen Tieren statt, die unvermutet auf die Fahrbahn treten. Besonders in der Dämmerung und nachts ist erhöhte Aufmerksamkeit geboten. Besonders gefährdete Straßenabschnitte sind oft dementsprechend beschildert: „Stor älgfara" (= große Elchgefahr).

Auf dem Vildmarksvägen und den Seitenstraßen müssen Sie immer mit Wildbegegnungen rechnen.

- ▷ In Gebieten, in denen sich Rentierweiden befinden, sieht man manchmal schwarze Plastiksäcke auf Pfählen oder an Bäumen am Straßenrand. Sie weisen darauf hin, dass sich Rentierherden in der Gegend befinden. Fahren Sie vorsichtig, die Gefahr einer Begegnung mit den Tieren ist hier größer.

▷ Weitere besondere schriftliche Beschilderungen:

ein weißes M auf blauem Grund	Ausweichstelle, auf Gegenverkehr achten und notfalls ausweichen. Das Schild ist oft auf einspurigen Straßen bei Ausweichbuchten am Straßenrand zu finden.
Avgift	Parkgebühr erforderlich
P-skiva	Parkscheibe erforderlich
Förhyrda Platser	vermietete Parkplätze, nur mit Sonderberechtigung nutzbar
1 tim	Parken bis zu einer Stunde
Datumparkering	Parken wie beschildert nur an geraden oder ungeraden Tagen
Här sluta allmän vägen	Ende der öffentlichen Straße
Enskild väg	Wirtschaftsweg/Privatweg
Viltstängsel upphör	Der Wildschutzzaun längs der Straße endet. Ab hier ist es dem Wild wieder möglich, auf die Fahrbahn zu laufen.
Återvändsgränd	Sackgasse

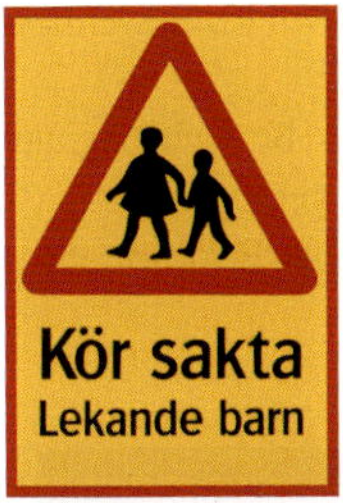

Fahren Sie vorsichtig! Spielende Kinder!

Die aufgeführten Regeln erheben keinen Anspruch auf Vollständigkeit. Erkundigen Sie sich vor Fahrtantritt nach dem aktuellen Stand der schwedischen Verkehrsregeln.

Tankstellen sind in dicht besiedelten Gegenden Schwedens überall zu finden. Weiter im Norden und in weniger dicht besiedelten Gebieten wird das Netz dünner und Sie sollten rechtzeitig tanken. Der Trend geht zu automatischen Zapfsäulen, an denen Sie rund um die Uhr tanken können. Internationale Kreditkarten werden in der Regel angenommen.

Straßenkarten

Sehr empfehlenswert ist der Straßenatlas „M Vägatlas Sverige 2022", ISBN 978-91-8-9427044, Kartförlaget, mit Übersichtskarten, Detailkarten, Stadtplänen und touristischen Informationen, Preis ca. € 35.

Die Kartenempfehlungen wurden von der Geobuchhandlung Kiel überprüft.

💻 www.geobuchhandlung.de

Straßenzustand

Der Vildmarksvägen selbst besteht durchgehend aus einer asphaltierten Straße, auch der Teil, der über das Kalfjäll führt. Seitenwege zu touristisch interessanten Zielen bestehen dagegen oft aus Kiespisten, die sich in unterschiedlich gutem Zustand befinden können, der sich auch von Jahr zu Jahr durch Abnutzung und Wetterverhältnisse ändern kann. Teilweise sind sie einspurig mit Ausweichstellen.

Zweisprachige Ortsbezeichnungen

Auf vielen Karten von Lappland sind Ortsbezeichnungen, z. B. für Ortschaften oder Berge, mittlerweile nach einem Beschluss des schwedischen Landesvermessungsamtes (Lantmäterieverket) zweisprachig zu finden.

Neben der schwedischen Bezeichnung findet sich eine Bezeichnung auf Samisch. Auch auf Ortsschildern an den Straßen wird das so gehandhabt.

Das abgebildete Ortsschild von Gäddede verdeutlicht dies. Beide Bezeichnungen haben den gleichen Ursprung:

- ▷ „Gädd" bzw. „tjedte" von den Wörtern für „Hecht"

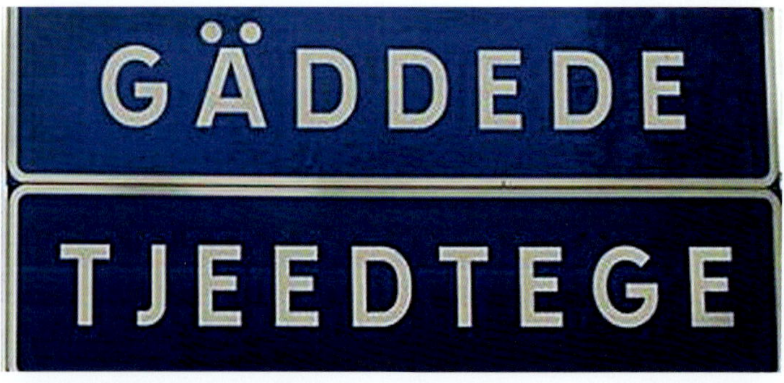

Weitere Informationen zu samischen Ortsnamen finden Sie auf der Rückseite von Fjällkarten des Landmäteriet.

Einkaufsmöglichkeiten

Entlang der E 45 finden Sie in den größeren Ortschaften sowohl größere Lebensmittelmärkte als auch Einzelhandelsgeschäfte. An den eigentlichen Strecken des Vildmarksvägen liegen nur kleinere Ortschaften, in denen die Einkaufsmöglichkeiten sich oft auf kleinere Lebensmittelläden beschränken, die manchmal noch weitere Waren des täglichen Bedarfs führen.

Glossar schwedischer Begriffe auf Hinweisschildern oder Karten

å/ån	Fluss
bäck	Bach
bro	Brücke
fiskekort	Angelkarte
fjäll	Berg/Gebirge
fors	Wasserfall/Stromschnelle
gård	Hof/Gehöft
grotta	Höhle
Hjortron	Moltebeeren
kontantfritt	bargeldlos
koppeltvång	Pflicht, Hunde anzuleinen
kvarn	Mühle
kyrkstad	Kirchstadt
Loppis	Flohmarkt
parkering	Parkplatz
renbetesområde	Rentierweidegebiet
rengärde	Gehege für Rentiere
sameviste	Samenlager
sjö	See
skoterled	Trail für Schneescooter
spång	überstegter Weg
stig	Steig
stuga	Hütte

topp	Gipfel
utsikt	Aussicht
väg	Weg
vägbom	Schlagbaum
vandringsled	Wanderweg

Information

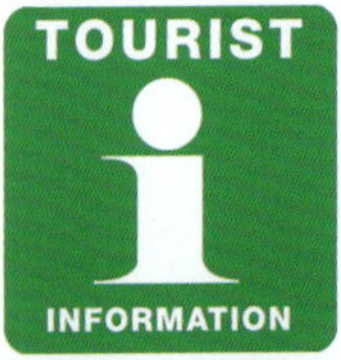

Touristische Informationen erhalten Sie in den Touristeninformationen (*turistbyrå*), die mit den hier abgebildeten Schildern gekennzeichnet sind. Dort erhalten Sie Informationen über das touristische Angebot an Sehenswürdigkeiten und Zielen in der Umgebung.

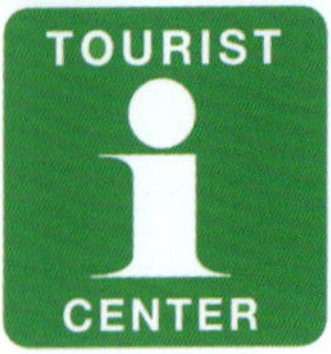

Darüber hinaus gibt es InfoPoints, in denen Sie ebenfalls touristisch interessante Informationen bekommen können. Diese werden von Touristenbüros eingerichtet und können sich an verschiedenen Orten, wie Geschäften, Hotels, Campingplätzen, aber auch kommunalen Einrichtungen, befinden.

Informieren Sie sich über die Öffnungszeiten, die in Haupt- und Nebensaison unterschiedlich sind. Während der Hauptsaison sind sie in der Regel an jedem Tag der Woche geöffnet. Die Mitarbeiterinnen und Mitarbeiter sprechen meist auch Englisch, in Einzelfällen kann man sich auch auf Deutsch verständigen.

Im Bereich des Vildmarksvägen erhalten Sie touristische Informationen in den Touristenbüros von Strömsund, Vilhelmina und Gäddede. Zusätzliche InfoPoints sind bei den einzelnen Ortschaften aufgeführt.

- Strömsund turistinformation, Folkets hus, Ramselevägen 6, 833 24 Strömsund, 06 70/164 00, turistbyra@stromsund.se, www.stromsund.se bzw. https://www.stromsund.se/turism
- Vilhelmina Turistbyrå, Tingsgatan 1, 912 33 Vilhelmina, 09 40/398 86, turist@vilhelmina.se, www.vilhelmina.se

- Gäddede Turistbyrå, Storgatan 40, 830 90 Gäddede, ☏ 06 72/105 00, gaddede.turistbyra@stromsund.se

Es gibt Webseiten über Schweden, auf denen Sie allgemeine und aktuelle Informationen abrufen können.

- visitsweden.com, Schwedens offizielle Webseite für touristische Informationen
- visitsweden.de, die deutsche Ausgabe davon
- sweden.se, allgemeine Informationen über Schweden

Jedermannsrecht – allemansrätten

Das Jedermannsrecht (*allemansrätten*) ist ein traditionelles Gewohnheitsrecht in Schweden, das den Aufenthalt in der Natur und deren Nutzung durch den Menschen regelt. Es gibt Ihnen viele Freiheiten, verlangt aber auch, dass Sie diese verantwortungsvoll nutzen. Für Fjällwanderungen bedeutet das:

- Sie können frei auf allen Wanderwegen, aber auch abseits der Wege wandern.
- Sie dürfen Beeren und Blumen pflücken, sofern diese nicht zu geschützten Arten gehören. Das Gleiche gilt auch für Pilze.
- Bei einer Rast können Sie ein Feuer anzünden. Abgefallene, trockene Zweige und Äste dürfen dabei verwendet werden. Informieren Sie sich aber vorher über die jeweils geltenden Brandbestimmungen. In trockenen Sommern kann wegen der Waldbrandgefahr ein Verbot des Feuermachens in Kraft sein (*eldningsförbud*). Achten Sie darauf, das Feuer am besten auf sandigem oder lehmigem Untergrund anzulegen. Löschen Sie es sorgsam, wenn Sie weitergehen, damit es sich nicht unbemerkt ausbreiten kann.
- Sie dürfen zur Übernachtung im Fjäll zelten. Achten Sie darauf, den Boden nicht zu zerstören und keine Abfälle zu hinterlassen.
- Sie können Hunde mitführen, müssen Sie aber so beaufsichtigen, dass Wildtiere nicht von ihnen gejagt werden können. Zwischen dem 1. März und dem 20. August herrscht Leinenzwang, in Gebieten mit Rentierzucht besteht dieser immer.
- In Nationalparks können diese Rechte eingeschränkt sein. Informieren Sie sich vor einer Wandertour darüber.

Wenden Sie das Jedermannsrecht verantwortungsvoll an, damit es auch in Zukunft erhalten bleibt.

Freies Campen mit Wohnmobilen

Viele glauben, das Jedermannsrecht würde auch bedeuten, dass man überall frei campen kann. Das ist aber nicht der Fall, denn dieses alte Recht auf freies Campen ist auf das Zelten in freier Natur beschränkt und nicht übertragbar auf Wohnmobile oder Wohnwagen.

Wohnmobile können entsprechend den für den Parkplatz oder Rastplatz geltenden, ausgeschilderten Regeln wie normale Pkw geparkt werden. In einem Zeitraum von maximal 24 Stunden ist eine Übernachtung möglich, an Wochenenden darf man bis zum nächsten Werktag bleiben. Dabei dürfen aber keine Tische und Stühle vor das Wohnmobil gestellt werden. Dies würde als Camping gelten, was nicht erlaubt ist. Ein Wohnen über einen längeren Zeitraum ist nicht gestattet.

Achten Sie bitte darauf, dass in den einzelnen Provinzen oder Kommunen unter Umständen besondere Regeln gelten. In den Touristenbüros erhalten Sie Informationen dazu.

Der folgende Text ist der Broschüre „Hinaus in die Natur – Was ist erlaubt? Was nicht?“ von Länsstyrelsen Jämtlands län entnommen.

Wo darf ich mich mit meinem Wohnmobil hinstellen?

Das Län Jämtland hat reichlich Campingplätze zu bieten – für Wohnwagen und für Wohnmobile. Daneben gibt es besondere Stellplätze für Wohnmobile.

Und wenn Du Dich abseits eines angelegten Platzes hinstellen willst? Das ist möglich. Die Einschränkungen jedoch sollte man kennen.

In den Gemeinden Östersund, Åre, Krokom, Strömsund und Ragunda ist Camping mit Wohnwagen/Wohnmobil auf öffentlichen Plätzen untersagt. Als öffentliche Plätze gelten insbesondere Straßen/Wege und Grünanlagen.

Die Orte Berg und Bräcke sowie die in der zu Jämtland gehörenden Landschaft Härjedalen haben keine solche Campingordnung. Dort gelten, wie in allen Gemeinden, das Gesetz über Geländefahrten (Terrängkörningslagen) sowie die ausgeschilderten Regeln der Verkehrsbehörde (Trafikverket).

Bei Privatwegen (enskild väg) entscheidet der Grundeigentümer, ob Kraftverkehr und ggf. auch Parken zulässig ist. Falls Hinweise fehlen, darfst Du Dein Fahrzeug am Wegrand abstellen – aber ohne Bodenschäden zu verursachen. Geparkte Fahrzeuge gefährden den Verkehr oder stören die Arbeit des Eigentümers. Willst Du in der Nähe eines Wohnhauses übernachten, ist die Erlaubnis der Bewohner erforderlich.

Rastplätze sind für kürzere Fahrtunterbrechungen gedacht. Grundsätzlich darfst Du auf Rastplätzen oder auf ausgeschilderten Parkplätzen an öffentlichen Straßen längstens 24 Stunden stehen. Kommst Du an einem Samstag, Sonntag oder Feiertag, darfst Du bis zum nächsten Werktag bleiben. Abweichendes geht aus Zusatztafeln zu P-Schildern hervor.

Die steigende Zahl von Wohnmobilen hat in der letzten Zeit zu einem zunehmenden Missbrauch des sogenannten „freien Campens" geführt. Parkplätze wurden vermüllt, Fäkalientanks unsachgemäß entleert und Naturschutzbestimmungen missachtet. Die Folgen sind einerseits eine zunehmende Verärgerung der Einwohnerinnen und Einwohner und dadurch bedingt immer mehr beschilderte Verbote für Übernachtungen an Parkplätzen, andererseits ein wachsendes Angebot von Stellplätzen an touristischen Strecken. Auf 💻 husbilsplats.se finden Sie viele Stellplätze in Schweden aufgeführt. Leider gibt es die Webseite nur auf Schwedisch.

Bitte nutzen Sie die legalen Möglichkeiten oder übernachten Sie auf regulären Campingplätzen. Im Bereich des Vildmarksvägen findet sich ein reichhaltiges Angebot an Stell- und Campingplätzen.

Karten- und Barzahlung

Schweden ist ein Vorreiter bei der Abschaffung des Bargeldes. Immer häufiger treffen Sie auf Geschäfte, Restaurants, Hotels und auch Campingplätze, die darauf hinweisen, dass dieser Betrieb „kontantfritt" betrieben wird. Das bedeutet, dass hier kein Bargeld mehr als Zahlungsmittel angenommen wird. Sie sind gezwungen, per Karte zu bezahlen. Gängige Kreditkarten werden in der Regel akzeptiert.

„Swish", ein bei den Schweden beliebtes mobiles Zahlungssystem, können Sie als Touristin oder Tourist leider nicht nutzen, da es ein schwedisches Bankkonto bei Ihnen voraussetzt.

Selbst bei vielen gebührenpflichtigen Parkplätzen oder öffentlichen Toiletten wird mittlerweile die Kartenzahlung oder eine Bezahlung über eine entsprechende App verlangt.

Da auch diese Apps ein Bankkonto in Schweden voraussetzen, kann es hier manchmal zu Problemen für Touristinnen und Touristen kommen.

Medizinische Versorgung

Bei gesundheitlichen Problemen stehen Ihnen die örtlichen Gesundheitszentren, die „vårdcentralen", in denen mehrere Ärztinnen und Ärzte sowie Physiotherapeutinnen und Physiotherapeuten, Hebammen und Pflegekräfte untergebracht sind, zur Verfügung. Dort werden Sie in der Regel jedes Mal von anderem ärztlichen Fachpersonal behandelt, da man Hausärztinnen und Hausärzte, die man immer wieder bei Erkrankungen zu Rate zieht, in Schweden nicht kennt. Bei Arztbesuchen fällt eine Patientengebühr an.

Bei akuten Notfällen wenden Sie sich an die Unfallambulanzen (*akut-mottagning*) der Krankenhäuser (*sjukhus*).

Das Sozialversicherungsabkommen der EU-Länder gewährleistet die gleiche Behandlung, die auch die Schwedinnen und Schweden bekommen. Abgerechnet wird mit den Krankenkassen, führen Sie deshalb Ihre Europäische Krankenversicherungskarte mit. Der Abschluss einer Auslandskrankenversicherung zur Deckung aller Kosten ist empfehlenswert.

Medikamente bekommen Sie ausschließlich in Apotheken, die oft an die *vårdcentralen* oder die Krankenhäuser angeschlossen sind. Häufig ist ein ärztliches Rezept dafür notwendig. Nehmen Sie regelmäßig Medikamente ein, sorgen Sie deshalb für einen genügenden Vorrat.

Notrufe

Notrufnummer für Polizei, Feuerwehr und Rettungsdienst: ☏ 112

Pannenhilfe (Assistancekåren): ☏ 020/912 912

ADAC-Mitglieder erhalten Hilfe bei der Organisation einer Pannenhilfe über die Notrufnummer: ☏ +49 89 22 22 22

Öffnungszeiten

Alle angegebenen Öffnungszeiten von Einrichtungen können sich durch die Pandemie bedingt unter Umständen wieder ändern.

Preisangaben für Beherbergungsbetriebe

In der gegenwärtigen wirtschaftlichen Lage weisen viele Betriebe darauf hin, dass ihre Preisangaben sich in den nächsten Jahren mit Sicherheit ändern werden. Auf der jeweiligen Homepage sind die aktuellen Preise aber zu finden.

Reisezeit

Die beste Reisezeit liegt zwischen Mitte Juni und Mitte Oktober. Da die Straße über das Stekenjokk-Plateau auf eine Maximalhöhe von 876 m führt, liegt zu anderen Zeiten im Jahr dort zu viel Schnee.

Erst im Juni wird die Straße freigeräumt. Genaue Öffnungszeiten erfahren Sie bei den Touristenbüros in Vilhelmina, Strömsund oder Gäddede (☞ Informationen).

Telefonieren

Die Landesvorwahl für Schweden ist die +46. Alle schwedischen Telefonnummern in diesem Buch sind ohne die Landesvorwahl angegeben.

Unterkünfte

Entlang des Vildmarksvägen finden Sie an vielen Stellen Übernachtungsmöglichkeiten in Form von Hotels, Wanderheimen (*vandrahem*), Campingplätzen oder Stellplätzen für Wohnmobile.

Beachten Sie bitte, dass in der Hauptreisezeit im Juli Übernachtungsmöglichkeiten schnell ausgebucht sein können.

Updates

Der Conrad Stein Verlag veröffentlicht Updates zu diesem Wanderführer, die direkt vom Autor und Autorin oder von den Lesern des Buches stammen. Sie finden diese auf der Verlagshomepage www.conrad-stein-verlag.de. Der rechts abgebildete QR-Code führt Sie direkt dorthin

Verkehrsmittel

Das geeignetste Verkehrsmittel für den Vildmarksvägen stellt das Auto dar, am besten ein Wohnmobil oder ein Campingbus, da man mit diesen auch die abgelegenen Ziele am besten erreicht und eine Unterkunft in Form eines Camping- oder Stellplatzes findet.

Öffentliche Verkehrsmittel stellen die Inlandsbanan auf der Strecke zwischen Strömsund und Vilhelmina sowie Busverbindungen auf den anderen Abschnitten des Vildmarksvägen dar. Die Inlandsbanan bietet im Sommer touristisch orientierte Fahrten mit besonderen Angeboten an.

Informationen über Fahrpläne und Preise bekommen Sie für die Inlandsbanan unter inlandsbanan.se.

Busverbindungen können Sie für Jämtland unter ltr.se finden, für Västerbotten unter https://www.tabussen.nu/lanstrafiken finden.

Beachten Sie, dass es oft nur wenige Busverbindungen am Tag gibt und etliche touristische Ziele nicht mit öffentlichen Verkehrsmitteln erreichbar sind.

Wandern im Fjäll

An einigen Stellen des Vildmarksvägen gibt es Wandermöglichkeiten, die Sie zu interessanten Sehenswürdigkeiten, Naturschönheiten oder Aussichtspunkten führen.

Bei den „Wandertipps“ sind wir die Wanderrouten selbst gegangen, deshalb garantieren wir die Richtigkeit der Angaben und bieten ausführliche Informationen und GPS-Tracks zu den Routen an. Weitere Wandermöglichkeiten beziehen sich auf Vorschläge der örtlichen Touristenbüros, die weniger Information beinhalten.

Auch wenn es nur kurze Wanderungen sind, gilt es, dabei bestimmte Dinge zu beachten.

Wegmarkierungen

Auf den Fjällkarten

Auf den kurzen Wanderungen sind die Wanderwege, denen Sie folgen, in der Regel Sommerwanderwege, die auf den Tourenkarten mit einer durchgezogenen farbigen Linie gekennzeichnet sind. Auf den entsprechenden Fjällkarten erscheinen sie als rot punktierte Linie. Rot gestrichelte Linien stellen dort die Winterwanderwege dar, denen Sie nicht folgen sollten, da bei ihrer Festlegung keine Rücksicht auf Moore oder Teiche, die im Winter hart gefroren sind, genommen wurde. Fallen beide Wegführungen zusammen, wird dies auf der Karte durch eine durchgezogene rote Linie dargestellt. Daneben gibt es noch unmarkierte Wege, die durch eine dunkle gepunktete Linie dargestellt werden.

In der Landschaft

In Schweden sind die Sommerwanderwege durch rote Farbflecke auf Steinen oder Bäumen entlang des Weges markiert. Oft werden markierte Steine durch Steinmännchen ergänzt.

Winterwanderwege haben in Schweden ein rotes Kreuz, das auf einer Stange montiert ist, als Kennzeichen und führen oft viel gerader durch die Landschaft als die Sommerwanderwege, die sich stärker an der Beschaffenheit des Geländes orientieren müssen.

Wegbeschaffenheiten

Wanderwege im Fjäll bezeichnet man besser als Wanderpfade oder Steige. Befestigte Wege findet man nur auf sehr kurzen Strecken, der größte Teil der Wege besteht aus ausgetretenen Pfaden, die entlang der Wegmarkierungen oder unmarkiert durch das Gelände führen. Manchmal sind sie breit ausgetreten, meist aber nur ein schmaler Streifen durch Fjällheide oder Birkenwald. Wird das Gelände durch sumpfige Stellen oder Geröllfelder schwierig, verzweigen sich oft die Trittspuren, weil jeder sich hier seinen eigenen Weg sucht.

Manche sumpfige oder nasse Stellen in Feuchtwiesen oder Mooren sind durch Bohlen überstegt, die das Vorwärtskommen erleichtern. Es ist ratsam, auf den Bohlenwegen zu bleiben, ein Fehltritt kann Sie in Schwierigkeiten bringen. Sie werden nicht versinken, aber unter Umständen Mühe haben, den eingesunkenen Fuß wieder freizubekommen.

Rastmöglichkeiten

Ѫ Bei manchen Touren weisen wir auf schöne Rastplätze unterwegs hin, die oft mit Tisch und Sitzgelegenheiten ausgebaut sind.

⌂ Auf einigen Etappen findet sich eine Schutzhütte. Es handelt sich dabei um kleine Holzhütten mit einer Pritsche, einem Tisch und einem Holzofen. In der Regel finden sich hier auch Trockentoiletten. Bei schlechtem Wetter bieten sie die Möglichkeit, trocken und warm zu rasten. Für Übernachtungen sind sie nicht vorgesehen.

Ausrüstung

Für Tagestouren im Fjäll ist grundsätzlich die gleiche Kleidung und Ausrüstung wie für das Langstreckenwandern notwendig. Da auch im Sommer mit plötzlichem Wetterumschwung zu rechnen ist, hat sich das Zwiebelprinzip bewährt.

Ein leichter Tourenrucksack mit 20-30 l Volumen und gutem Tragekomfort bietet genügend Platz für alles, was man auf diesen Touren braucht. Regenschutzkleidung und warme Kleidung für Kälteeinbrüche sind ein Muss. Mückendichte Stoffe bei Hosen und Hemden schützen Sie vor Stichen.

Sie sollten knöchelhohe Wanderstiefel mit gutem Profil und fester Sohle, die Trittsicherheit auf steinigen Wegen und im Geröll bieten, tragen. Goretex-Schuhe bieten in feuchtem Gelände die notwendige Wasserdichtigkeit. Ein Wanderstock gibt bei steinigen, abschüssigen Passagen Sicherheit.

Denken Sie beim Packen an Mückenschutzmittel, Sonnencreme sowie Verbandszeug mit Wunddesinfektionsspray.

Mit einer Sitzunterlage oder Isomatte können die Pausen auch im unwirtlichen Gelände oder bei schlechtem Wetter genossen werden.

Verpflegung

Auf den Touren im Fjäll gibt es keine Einkehrmöglichkeit, sodass Sie auf Ihren mitgeführten Proviant angewiesen sind. Dies sollte beim Zusammenstellen der Tagesverpflegung für die Tour bedacht werden.

Der Proviant muss der Dauer und dem Energieverbrauch der jeweiligen Tagestour entsprechen sowie auf die Wetterverhältnisse abgestimmt werden.

Notfälle

In diesem Reiseführer werden nur kurze Wandertouren im Fjäll beschrieben, aber auch dabei können Unglücksfälle auftreten, bei denen Hilfe notwendig wird. Die Empfangsmöglichkeiten für Mobiltelefone sind im Fjäll sehr unterschiedlich. Oft ist man außer Reichweite der Sendemasten.

Deshalb kann es sinnvoll sein, vor einer Wanderung eine Nachricht zu hinterlassen, aus der hervorgeht, welche Tour Sie beabsichtigen zu gehen (schwedisch: *färdmeddelande*).

Diese können Sie in Ihrer Unterkunft hinterlassen oder bei Ihren Angehörigen.

In einer solchen Mitteilung sollte enthalten sein:

- ▷ Datum
- ▷ Teilnehmende (Anzahl und Namen, eventuell, ob Kinder dabei sind)
- ▷ Welche Route Sie gehen.
- ▷ Wann Sie voraussichtlich zurück sein werden.

Sind Sie zum vereinbarten Zeitpunkt nicht zurück, wird nach diesen Angaben die Fjällrettung verständigt, um eine Suchaktion einzuleiten. Besonders wenn Sie allein wandern und dazu noch selten begangene Wege nehmen, ist dies von Bedeutung.

Vergessen Sie nicht, sich bei der Person zurückzumelden, bei der Sie die Mitteilung hinterlassen haben.

Wanderkarten

Für die in diesem Buch beschriebenen kurzen Wanderungen reichen in der Regel die dazu beigefügten Karten aus. Wenn Sie sich in der weiteren Umgebung auch bezüglich der Anfahrtswege auf kleinen Nebenstraßen besser zurechtfinden wollen, bieten gute Wanderkarten neben GPS-Geräten eine sichere Orientierung.

Die gebräuchlichsten Karten sind die der Serie Fjällkartan, die im Maßstab 1:100.000 erhältlich sind.

Alle Karten dieser Serie sind mit einer Kombination aus Buchstaben und Nummern gekennzeichnet und über den Buchhandel, Internetanbieter und Touristenbüros vor Ort zu beziehen.

Das schwedische Landesvermessungsamt bietet außerdem auf der Website 💻 kso.etjanster.lantmateriet.se den kostenlosen Download von topografischen Karten aus Schweden für den Eigenbedarf an. Den Ausschnitt und Maßstab kann man dabei selbst festlegen. Die Menüführung erfolgt auf Schwedisch oder Englisch.

Daneben gibt es Wanderkarten von Calazo im Maßstab 1:50.000, die über die Geobuchhandlung in Kiel bezogen werden können.

Die Wanderkarten bieten neben der Darstellung der Topografie eines Gebietes Informationen zu Sommer- und Winterwanderwegen, Rasthütten, Übernachtungsmöglichkeiten, Brücken, Hilfstelefonen und Watstellen. Vielfach sind Ortsbezeichnungen in der samischen Schreibweise angegeben. Auf der Rückseite der Karte findet man eine Erklärung der Bedeutung der Begriffe auf Schwedisch. Empfehlenswert sind Karten, die auf imprägniertem Papier gedruckt sind und von daher auch Regenwetter standhalten. Benutzen Sie stets die neusten Ausgaben, da die Führung von Wanderwegen manchmal im Laufe der Jahre verändert wird.

Folgende Wanderkarten können Sie verwenden:

- ▷ Fjällkartan Z1, Maßstab 1:100.000
- ▷ Fjällkartan Z3, Maßstab 1:10.000

- ▷ Calazo Fjällkarte Gäddede, Hotagsfjällen och Skalstugan, Maßstab 1:100.000
- ▷ Calazo Fjällkarte Kittelfjäll – Borgafjäll, Maßstab 1:100.000
- ▷ Calazo: Kittelfjäll, Marsfjällen och Klimpfjäll, Maßstab 1:50.000
- ▷ Calazo: Borgafjäll, Saxnäs och Stekenjokk, Maßstab 1:50.000
- ▷ Terrängkarta över Vilhelmina, Maßstab 1:100.000

GPS-Tracks

Die Verwendung eines GPS-Gerätes beim Wandern kann Ihnen die Orientierung erleichtern. Die GPS-Tracks zu den beschriebenen Touren können Sie von der Internetseite des Verlags herunterladen: 💻 www.conrad-stein-verlag.de.

📖 **GPS** *Grundlagen · Tourenplanung · Navigation* von Michael Hennemann, Conrad Stein Verlag, Basiswissen für draußen, ISBN 978-3-86686-769-7, ca. € 12,90, Neuauflage 2023

Wetter

Das Wetter, speziell im Fjäll, kann auch in den Sommermonaten rau sein und schnell wechseln. Regenfälle sind keine Seltenheit. Selbst im Sommer sind Kälteeinbrüche und Schneefall in höheren Lagen wie dem Stekenjokk-Plateau möglich. Deshalb sollten Sie sich regelmäßig über die Wetterlage informieren. Dafür gibt es verschiedene Möglichkeiten:

- ▷ Hotels, Wanderheime und Campingplätze haben oft einen Aushang mit den neusten Wetterprognosen für die nächsten Tage.
- ▷ Im Internet findet man Wetterdienste. Die bedeutendsten sind:
- ♦ für Schweden: SMHI, 💻 www.smhi.se
- ♦ für Norwegen: YR, 💻 www.yr.no

Berücksichtigen Sie – vor allem bei der Planung von Wanderungen – stets die Wetterprognose. Besonders im Kalfjäll auf dem Hochplateau haben Sie bei schlechten Wetterbedingungen oft keine Sicht. Denken Sie daran, dass selbst eine gute Prognose keine Garantie für gutes Wetter ist.

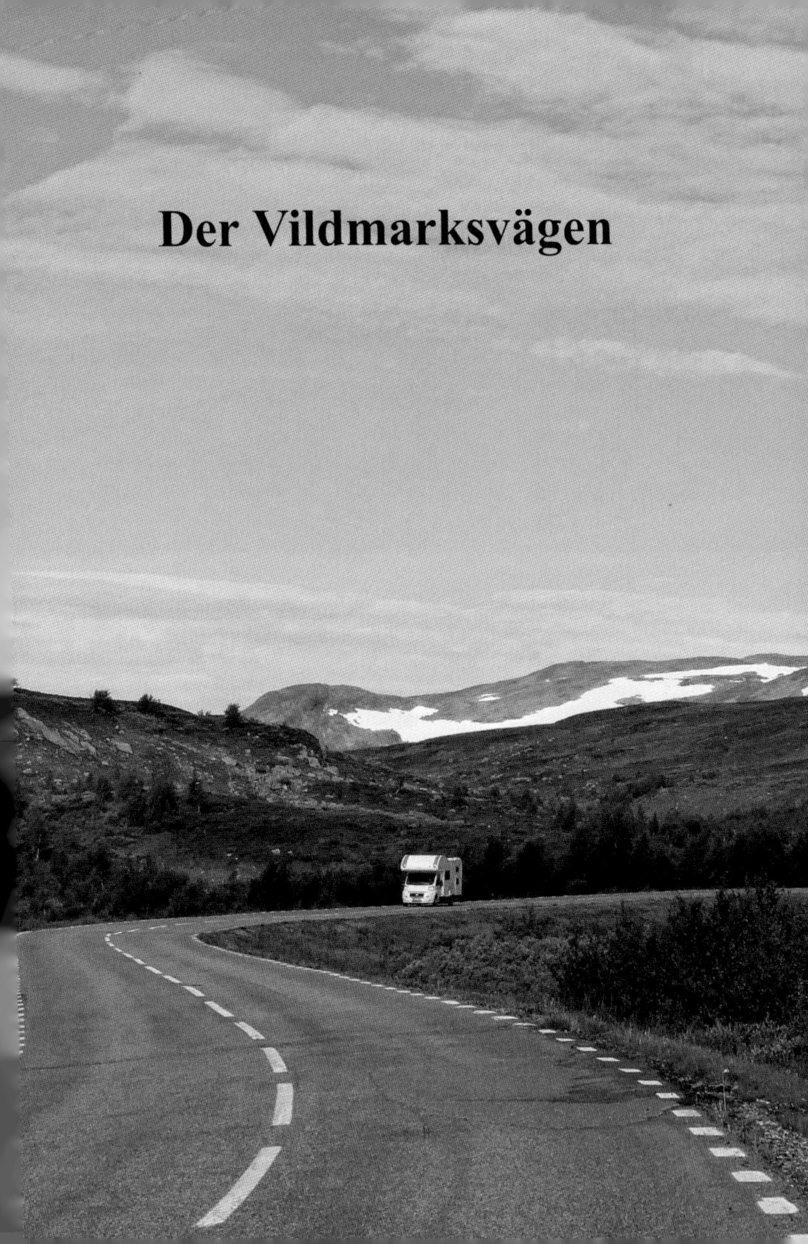
Der Vildmarksvägen

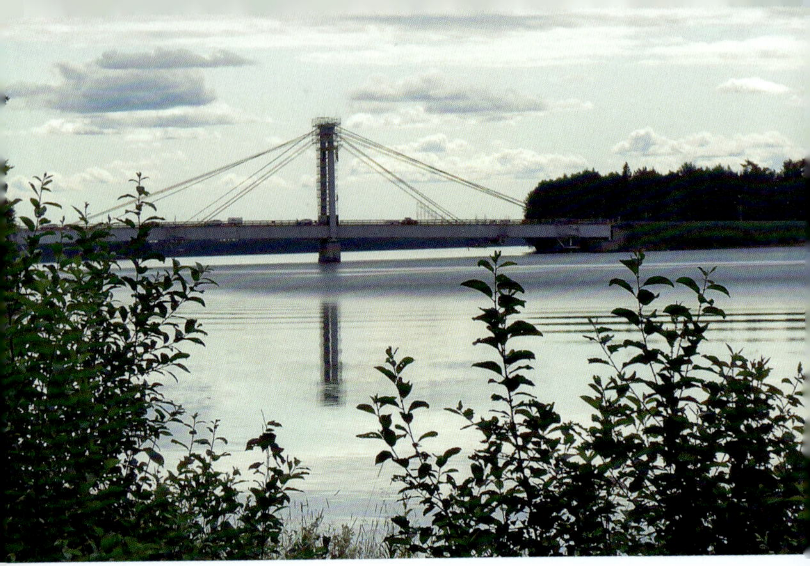

Blick über Ströms Vattudal

Alle Kilometerangaben sind gemittelte Werte.

0 In Strömsund, einer Kleinstadt am See Ströms Vattudalen, die über alle wichtigen infrastrukturellen Einrichtungen verfügt, beginnt der Vildmarksvägen bei Kilometer 0.

Strömsund

Strömsund turistinformation, Folkets hus, Ramselevägen 6, 833 35 Strömsund, 06 70/164 00, turistinformation@stromsund.se, https://www.stromsund.se/181.html, Mo-Fr 9:00-12:00 und 13:00-16:00

Strömsunds Camping, Näsviken, 833 24 Strömsund, 06 70/164 10, turistinformation@stromsund.se, https://www.stromsund.se/stromsundscamping, ganzjährig, InfoPoint im Sommer, Stellplatz mit Strom SEK 250-300

Hotel Nordica, Ramselevägen 6, 833 35 Strömsund, 06 70/61 10 00, info@hotelnordica.se, https://hotelnordica.se, Doppelzimmer ab SEK 1.195, vier Stellplätze für Wohnmobile direkt neben dem Hotel, SEK 180 inkl. Strom

Wohnmobilstellplatz. Direkt bei dem Freilichtmuseum (Hembygdsgård) gibt es einen Stellplatz für Wohnmobile. Die Übernachtung kostet SEK 100. Der Platz bietet keine

Versorgung von Wohnmobilen. Diese kann man nur auf dem Campingplatz für SEK 60 bekommen. Die Bezahlung erfolgt über einen Automaten, das Geld wird in einen markierten Kasten gelegt.

Busbahnhof in der Järnvägsgaten

Der Bahnhof der Inlandsbanan befindet sich in Ulriksfors.

⌘ Geologiska Trädgården

Der geologische Garten liegt in der Myrgatan direkt neben der Hjalmar Strömerskolan mitten in der Stadt und ist immer geöffnet. Der Eintritt ist kostenlos.

In verschiedenen kreisförmig angelegten Rabatten werden unterschiedliche Gesteinsarten präsentiert, vom Kalkstein des Bjurälven und Glimmer von Väktarmon bis zu Erz von Stekenjokk.

Auch der Pflanzenwuchs in diesen Gebieten wird präsentiert und durch Beschilderung erklärt. Schautafeln stellen mit Bild und Text die Geologie der umliegenden Landschaft, die Geschichte der Fjälls und den Aufbau der Erde dar. In Glasvitrinen sind kleinere geologische Ausstellungsstücke zu sehen.

Die Anlage wurde von Ingemar Grawé, einem Lehrer, der an der Hjalmar Strömerskolan tätig war, zusammen mit seinen Schülerinnen und Schülern in den 70er-Jahren angelegt, um die vielfältige Geologie des Gebietes zu präsentieren. Sie ist heute im Besitz der Stadt, wird aber von einem Verein gepflegt.

⌘ Hembygdsgård

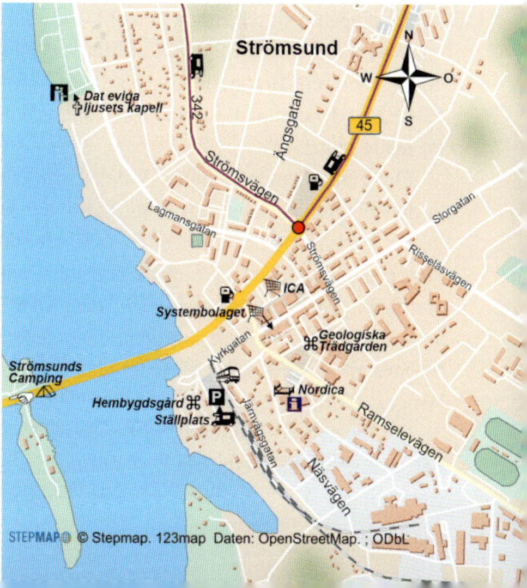

Strömsunds Hembygdsgård ist ein am Ufer des Sees Ströms Vattudalen gelegenes Freilichtmuseum. Eine große Anzahl historischer Gebäude und Ausstellungen veranschaulichen das Leben der Bevölkerung in früheren Zeiten. Im Sommer findet in einem der Gebäude eine Handwerksmesse statt. Das Café Tomten lädt im Sommer zu einer Kaffeepause ein. Zusammen mit der Hjalmar Strömerskolan wurden QR-Codes an jedem Gebäude

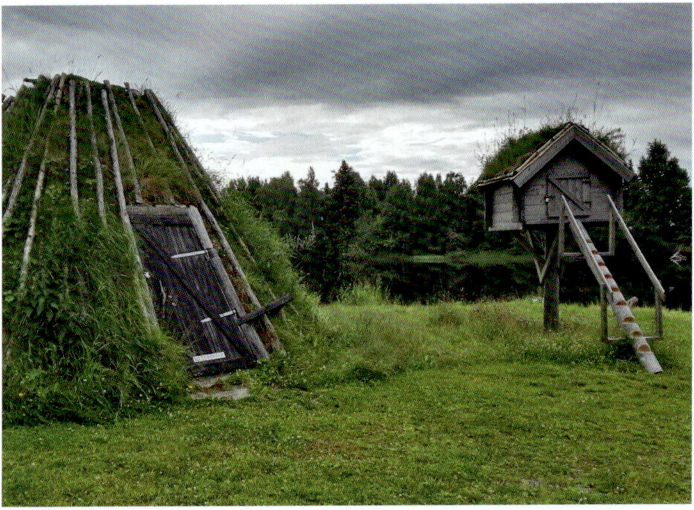

Hembygdsgård

angebracht. Bei den Erklärungen, auf die man beim Einscannen stößt, kann man die Sprache zwischen Englisch, Schwedisch und Samisch wählen. Sie können sich den Text auch vorlesen lassen. Ein QR-Code am Eingang führt Sie zu einer geführten Tour auf Englisch von Haus zu Haus. Am Eingang des Museums steht die 65 Tonnen schwere Betonskulptur des Riesen Jorm. Die Figur ist bekannt aus dem Film „Dunderklumpen", einem Animationsfilm von Beppe Wolgers, der 1974 Premiere hatte.

Der Film „Dunderklumpen" handelt von einem gutmütigen Troll, der einsam in den Bergen lebt und sich eines Tages auf den Weg zu den Menschen macht. In der Mittsommernacht findet er im Kinderzimmer des Mädchens Camilla ihre Puppen, die er lebendig zaubert und mitnimmt. Camillas Vater und ihr Bruder verfolgen den Dieb und es beginnt eine wilde Jagd, in deren Verlauf noch viele andere magische Figuren auftreten. „Dunderklumpen" ist seitdem ein Symbol für Strömsund geworden. Im Museum findet sich auch eine Ausstellung über Beppe Wolgers (Beppeutställning).

Ein Bereich des Museums ist der samischen Bevölkerung gewidmet. Hier findet man unter anderem eine Kota mit der für diese Unterkunft typischen Inneneinrichtung.

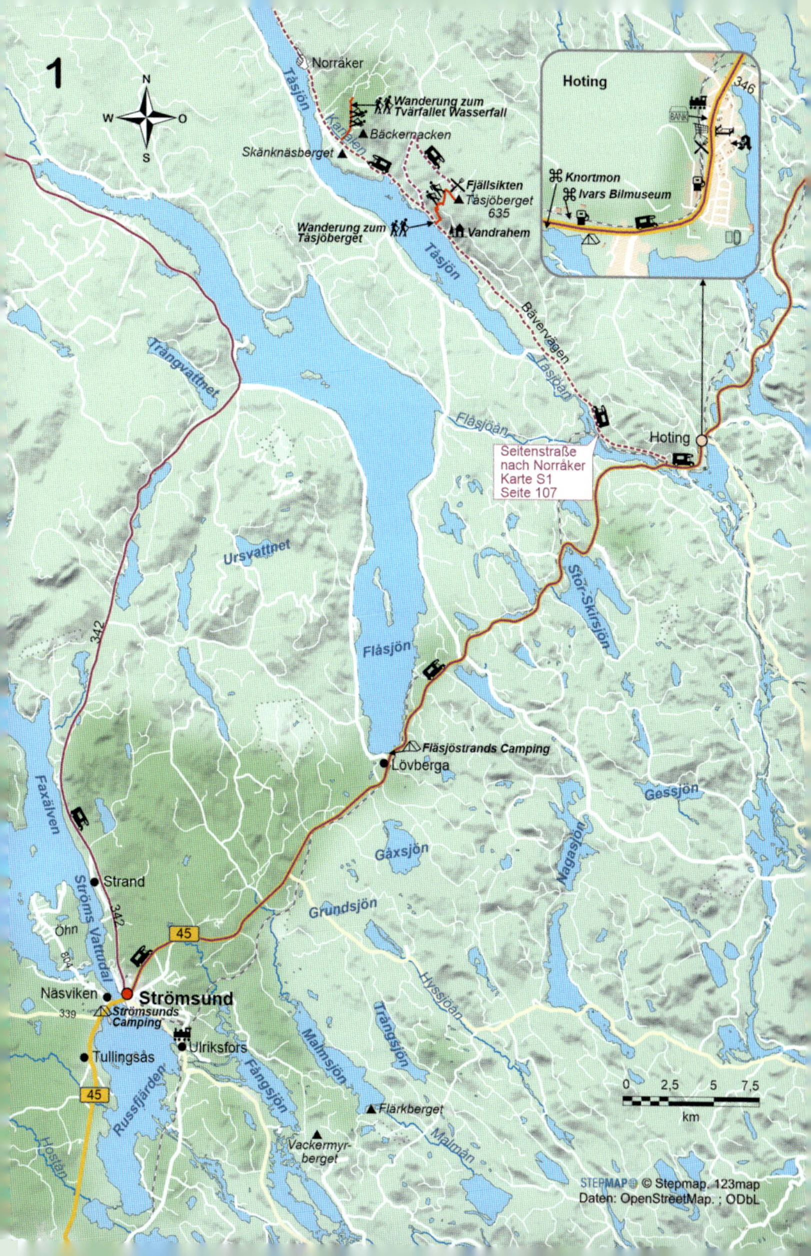
1
N
W
O
S
Norråker
Tåsjön
Wanderung zum Tvärfallet Wasserfall
Kanalen
Bäckernacken
Skänknäsberget
Fjällsikten
Tåsjöberget 635
Wanderung zum Tåsjöberget
Vandrahem
Hoting
346
BANK
Knortmon
Ivars Bilmuseum
Bävervägen
Tåsjöån
Trångvattnet
Flåsjöån
Seitenstraße nach Norråker Karte S1 Seite 107
Ursvattnet
Stor-Skirsjön
342
Flåsjön
Flåsjöstrands Camping
Lövberga
Gessjön
Faxälven
Gåxsjön
Nagasjön
Strand
Ströms Vattudal
Grundsjön
Öhn
45
804
Näsviken
Strömsund
339
Strömsunds Camping
Ulriksfors
Tullingsås
Hyssjöån
Trångsjön
Malmsjön
Fångsjön
Russfjärden
Flärkberget
Vackermyrberget
Malmån
Hoståan
0 2,5 5 7,5
km
STEPMAP © Stepmap, 123map
Daten: OpenStreetMap, ; ODbL

Es handelt sich hier um den modernen Nachbau einer Bogenstangenkota. Ein stabiles Holzgerüst trägt das Bauwerk. Der Innenraum ist mit Holzstämmchen verkleidet. Darüber befindet sich eine Lage Birkenrinde, die gegen die Torfauflage isoliert. Eng gelegte Torfsoden, die von aufgelegten Stämmen gehalten werden, bilden die Außenseite. Der Durchmesser einer solchen Kota kann bis zu 5 m betragen.

Außer der Torfkota gibt es gibt es je nach Siedlungsgebiet der Saminnen und Samen noch andere Formen von Kotas.

Der Innenraum ist jedoch fast immer gleich strukturiert. Im Inneren bildet die mit Steinen abgegrenzte Feuerstelle (árran) den Mittelpunkt, um den Reisiglager auf dem festgestampften Boden angeordnet sind, die mit Rentierfellen belegt werden. Eine Reihe flacher Steine führt vom Eingang zur Feuerstelle. Dahinter befindet sich der Küchenplatz, früher als heilig angesehen, der nicht überstiegen werden sollte. Haken an den schrägen Wänden oder Querhölzer bieten Möglichkeiten zum Aufhängen oder Ablegen. Einzige Möbelstücke waren Truhen zur Aufbewahrung.

Ein Rauchloch in der Spitze der Kota sorgt dafür, dass der Rauch des Feuers aus der Kota abgeführt wird. Später wurden manche Kotas von den Eigentümerinnen und Eigentümern mit einem gusseisernen Ofen statt der offenen Feuerstelle ausgestattet, einige verfügen sogar über ein Fenster. Das ganze Bauwerk, ausschließlich aus Materialien aus der Natur erstellt, passt sich ideal der Landschaft an, aus größerer Entfernung ist es oft kaum von der Umgebung zu unterscheiden.

Früher gab es strenge Regeln für das Verhalten in einer Kota. Die vornehmsten Plätze neben dem Feuer nahe der Küchenstelle gehörten dem Hausherrn und seiner Frau. Als Gast musste man sich zunächst an den Eingang setzen, bis man aufgefordert wurde, weiter einzutreten. ☝ Denken Sie daran, dass es heute noch nicht gern gesehen und als äußerst unhöflich betrachtet wird, wenn Fremde unaufgefordert eine Kota betreten. Das gilt auch für private Kotas in den Kirchdörfern, die nicht immer verschlossen sind.

Informieren Sie sich bitte, welche Kota für Besichtigungen offen steht.

♦ Hembygdsgården 1003, 833 35 Strömsund, ☎ 06 70/61 12 32, ✉ hempan@telia.com, 💻 www.hembygd.se/strom, 🚪 Mo-Fr 9:00-15:00, Eintritt frei, ℹ InfoPoint

Aussicht über Ströms Vattudalen

Wenn Sie nach einer längeren Fahrtetappe eine schöne Aussicht über den See Ströms Vattudalen mit lockernden Gymnastikübungen verbinden wollen, fahren

Sie in die Lagmansgatan bis zur 1984 erbauten Friedhofkapelle Det Eviga Ljusets kapell. Hinter dem Friedhof gibt es am Ende der Straße einen kleinen Parkplatz, an dem Sie Ihr Fahrzeug abstellen können. Von dort aus führt ein Kiesweg hinunter zum See zu einem Rastplatz mit Strömsunds „utegym", einer Freiluftanlage für Gymnastik. Während Sie trainieren, haben Sie einen weiten Blick über den See bis hin zur Brücke, auf der die E 45 über das Wasser führt.

Sie verlassen Strömsund und fahren auf der E 45 in Richtung Norden.

21 **Lövberga**

Flåsjöstrands Camping, Lövberga 495, 833 95 Strömsund, 070/657 39 64, flasjostrand@telia.com, https://www.stromsund.se/3384.html, 6. Juni-4. September, InfoPoint. Der Campingplatz verfügt über 16 Plätze mit Strom, Übernachtung ab SEK 190, mit Strom SEK 240. Zusätzlich werden kleine Übernachtungshütten zur Miete angeboten, Preise auf Anfrage. Am See Flåsjöns gelegen mit Sandstrand und Grillplatz. Das flache Wasser macht die Badestelle für kleine Kinder gut geeignet. ☹ Direkte Lage an der E 45.

48 Links zweigt die **Seitenstraße nach Norråker** ab (☞ Von Hoting nach Norråker).

50 Sie erreichen Hoting, einen kleinen Ort an der E 45, der noch zur Gemeinde Strömsund gehört und alles für die Nahversorgung bietet.

Hoting

Ein InfoPoint befindet sich auf dem Campingplatz des Ortes.

Hotings Camping am Hotingsjön, Västra Hoting 325, 833 51 Hoting, 06 71/102 48, hotingscamping@telia.com, https://www.hotingscamping.se, ganzjährig, auf der rechten Seite der E 45 am Ortseingang von Strömsund kommend, Bahnstation der Inlandsbanan „Hoting camping station". Der Campingplatz verfügt über 24 Plätze mit Stromanschluss, Januar-Mai und September-Dezember SEK 300, Juni-August SEK 340, Zeltplatz ganzjährig SEK 250, mit Stromanschluss SEK 300 und 25 Übernachtungshütten (zwei Betten, vier Betten oder sechs Betten unterschiedlichen Standards) Januar-Mai und September-Dezember SEK 460-950, Juni-August SEK 480-1.050. Zum Platz gehört ein eigener Badeplatz mit Sauna und Badesteg.

Dentas Hotel, Storgatan 13, 833 51 Hoting, 070/368 88 82, lillgatan2@dentashotell.se, dentashotell.se, Doppelzimmer ab SEK 1.095

Um den Seeabschnitt Lojsenit führt ein 3 km langer Wanderweg. Der See bietet gute Angelmöglichkeiten auf Laxöring.

Bahnhof der Inlandsbanan

⌘ An der südlichen Ortseinfahrt befindet sich das archäologisch interessante Gebiet Knortmon. Auf ausgebauten Wegen, die teilweise auch für Rollstühle geeignet sind, kann man das Areal durchstreifen. Ein altes Fanggrubensystem für Wild (*fångstgropar*) kann dabei besichtigt werden. Solche Fanggruben wurden in der Steinzeit auf den Zugwegen der großen Wildtiere angelegt, um diese auf ihren Wanderzügen zu erbeuten. Außerdem hat man ein historisches wikingisches Langhaus nachgebaut. Am Campingplatz beginnen Spazierwege durch Knortmon. Dort findet man auch Informationen über das Gebiet. Die Wege führen durch ein feuchtes Waldgebiet, in dem Sie mit vielen Stechmücken rechnen müssen.

⌘ Im Bereich des Campingplatzes befindet sich ein kleines historisches Museum. Der Eintritt ist frei. Informationen dazu bekommen Sie an der ☞ Rezeption des Platzes. In einem Gebäude sind Funde aus vorgeschichtlicher Zeit ausgestellt und Szenen aus dem Leben der Menschen in der Steinzeit dargestellt.

Unter anderem ist eine Kopie des 1921 gefundenen Hotingskidan (Hoting-Ski) zu sehen, zusammen mit Informationen über dessen Verwendung durch steinzeitliche Jäger. Das Original wird auf 1500 v. Chr. datiert.

In der Ausstellung wird auch gezeigt, welche Grabbeigaben in den Grabhügeln der Wikingerzeit auf Långön in der Nähe des Ortes gefunden wurden.

⌘ Ivars Bilmuseum

Das Museum zeigt eine hervorragende Sammlung wertvoller Oldtimer und klassischer Motorräder.

Ivar Ericsson, auch „Bil-Ivar" (= Auto-Ivar) genannt, wuchs im väterlichen „lanthandel" auf. Zusammen mit seinem Bruder Åke eröffnete er in den 50er-Jahren eine Autowerkstatt in Svedje. Während Åke für die Werkstatt verantwortlich war, übernahm Ivar den Verkauf. Das Unternehmen zog später um nach Hoting. Schon seit den 60er-Jahren sammelte Ivar Autos. Seit 2009 sind sie in den Räumlichkeiten des heutigen Museums ausgestellt.

Im Museum wird das Buch „En bilhandlares resa" angeboten (leider nur auf Schwedisch), das Ivars Leben beschreibt. Ivars Bilmuseum (= Automuseum) liegt aus Richtung Strömsund kommend auf der linken Seite der E 45 am Ortseingang.

♦ Västra Hoting 370, 833 51 Hoting, ☏ 06 71/71 30 00, 💻 https://www.ivarsbilmuseum.se, 🚪 Öffnungszeiten kann man über Hotings Camping erfahren, Eintrittspreis SEK 80 pro Person, Kinder 8-15 Jahre SEK 40 pro Person, Familien, 2 Erwachsene mit Kindern 0-15 Jahre SEK 160.

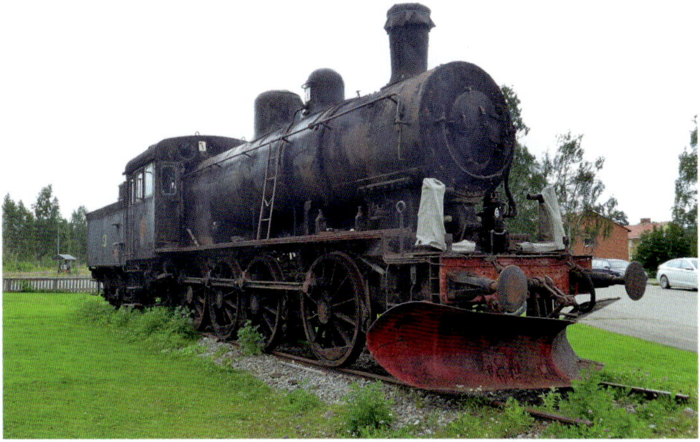

Dampflokomotive

⌘ Eisenbahnfans finden am Bahnhof eine abgestellte alte Dampflokomotive des Typs E 952.

62 Sie passieren die Grenze zwischen Jämtland und Västerbotten.
An dieser Stelle verlassen Sie Jämtland und fahren nach Västerbotten. Danach befinden Sie sich in Schwedisch-Lappland (☞ Kulturlandschaft und Geschichte). Eine große Holzskulptur markiert diese Grenze.
800 m weiter liegt links der kleine Weiler Fågelsta. Hier ist der Motorsägekünstler Kenneth Nielsson zu Hause, der mit diesem Kunstwerk das „Tor zu Lappland" thematisiert hat. Seine Werkstatt Hjortron & Troll ist einen Besuch wert. Auf einem Schaupfad können Sie viele seiner Skulpturen sehen. Informationsschilder, die leider nur auf Schwedisch verfasst sind, liefern Angaben zu den verschiedenen Erdzeitaltern. Hjortron & Troll ist bei schönem Wetter in der Regel geöffnet.

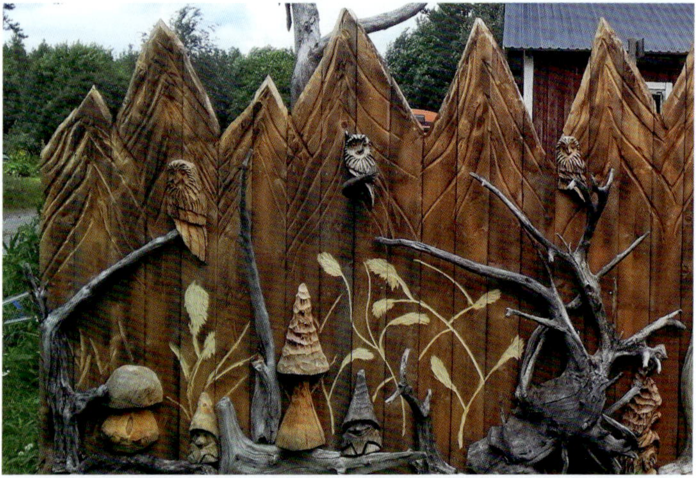

Hjortron & Troll

Hjortron & Troll ist an der E 45 nicht ausgeschildert, da der Künstler, der sich gerne persönlich um seine Besucherinngen und Besucher kümmert, sonst einen zu großen Besucherstrom befürchtet.

♦ Fågelsta 14, 📱 070/395 35 66

69 Kurz vor dem Ortseingang von Dorotea zweigt links die **Seitenstraße nach Borgafjäll** ab (☞ Von Dorotea nach Borgafjäll).

72 Ortseingang von Dorotea. Dorotea wurde 1799 gegründet. Namensgeberin war die schwedische Königin Friederike Dorothea Wilhelmina, Frau des schwedischen Königs Gustav IV. Adolf. Auch die Stadt Vilhelmina verdankt ihr seinen Namen. Die Stadt gilt als Tor zu Lappland.

Dorotea

Doro Camp AB, Storgatan 1A, 917 31 Dorotea, 📱 073/080 77 38, info@doro.camp, https://doro.camp/de/willkommen-bei-doro-camp-lapland, Campingplatz 25. Mai-15. September, Hütten ganzjährig, Wohnwagen/Wohnmobil bis zu 4 Personen inkl. Strom SEK 275

Hotel Dorotea, Bergsvägen 2, 917 32 Svanavattnet, ☎ 09 42/477 80, https://www.hotelldorotea.com/, Doppelzimmer ab SEK 1.195

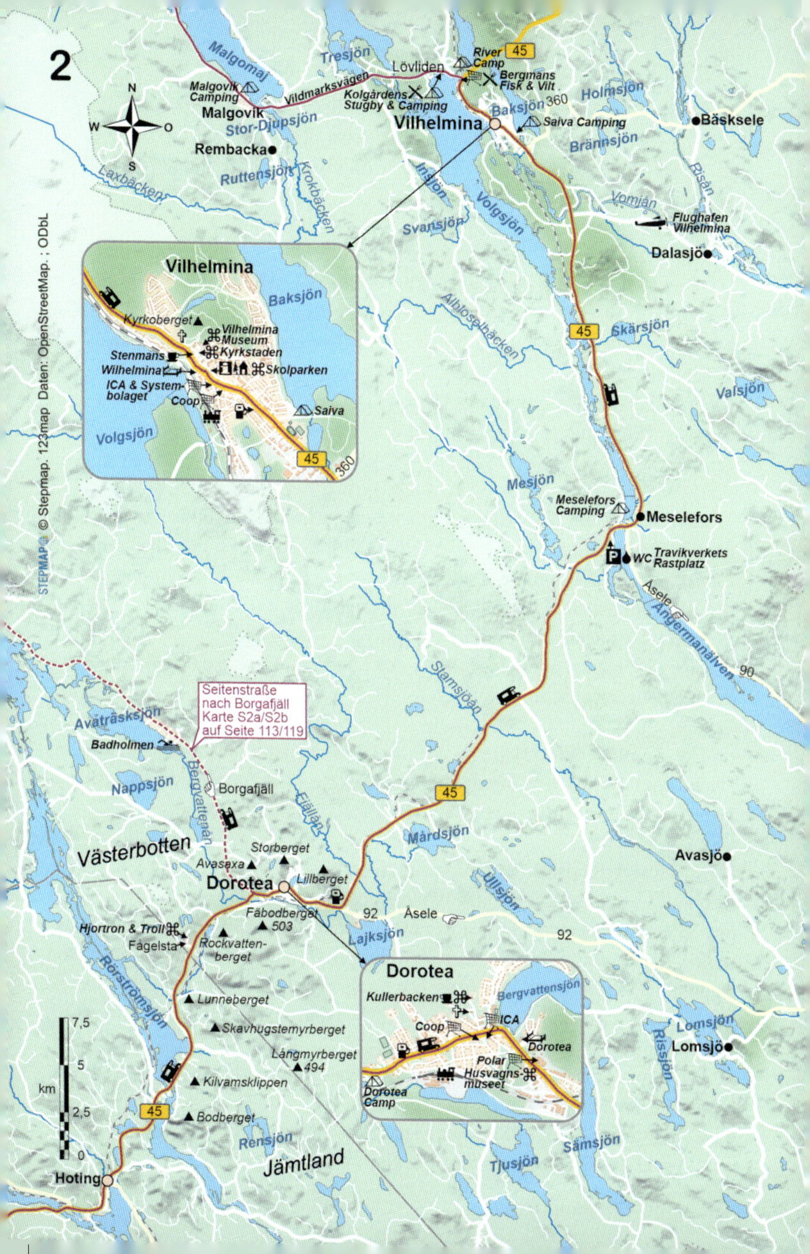
2
N
W
O
S
Malgomaj
Tresjön
Lövliden
River Camp
45
Malgovik Camping
Malgovik
Vildmarksvägen
Kolgårdens Stugby & Camping
Bergmans Fisk & Vilt
Baksjön
360
Holmsjön
Vilhelmina
Saiva Camping
Bäsksele
Stor-Djupsjön
Rembacka
Brännsjön
Ruttensjön
Krokbäcken
Laxbäcken
Insjön
Volgsjön
Risån
Vomján
Flughafen Vilhelmina
Svansjön
Dalasjö
Vilhelmina
Baksjön
Kyrkoberget
Vilhelmina Museum
Kyrkstaden
Stenmans
Wilhelmina
Skolparken
ICA & Systembolaget
Coop
Saiva
Volgsjön
45
360
Albtoselbäcken
Skärsjön
45
Valsjön
Mesjön
Meselefors Camping
Meselefors
Travikverkets Rastplatz
WC
Åsele
Ångermanälven
90
Stamsjöån
Seitenstraße nach Borgafjäll Karte S2a/S2b auf Seite 113/119
Avaträsksjön
Badholmen
Nappsjön
Bergvattenån
Borgafjäll
Fjällån
45
Mårdsjön
Västerbotten
Storberget
Avasaxa
Lillberget
Avasjö
Dorotea
Ullsjön
Fäbodberget 503
92
Åsele
92
Hjortron & Troll
Fågelsta
Rockvattenberget
Lajksjön
Dorotea
Kullerbacken
Bergvattensjön
Coop
ICA
Dorotea
Polar Husvagnsmuseet
Dorotea Camp
Rörströmsjön
Lunneberget
Skavhugstemyrberget
Långmyrberget 494
Kilvamsklippen
Lomsjön
Lomsjö
Rissjön
7,5
5
2,5
0
km
45
Bodberget
Rensjön
Sämsjön
Jämtland
Tjusjön
Hoting
STEPMAP © Stepmap. 123map Daten: OpenStreetMap ; ODbL

- Konditori Dorotea AB, Parkvägen 2, 917 31 Dorotea, ☏ 09 42/100 07, https://www.facebook.com/konditoridorotea, Mo-Di 8:00-15:00, Mi-Do 8:00-17:00, Fr 7:30-17:00, Sa 10:00-15:00, So 11:00-15:00
- Bahnhof der Inlandsbanan
- Busbahnhof

✞ 1799 entstand hier die erste Kirche, die 1932 abbrannte. Die heutige Kirche stammt aus dem Jahr 1934. Im Inneren stehen zwei von dem Künstler Carl Milles geschaffene Statuen, die den Erzengel Gabriel und den Apostel Paulus darstellen.

Die Abendmahlgruppe in der kleinen Grabkapelle neben der Kirche mit ihren lebensgroßen Figuren wurde von dem norwegischen Künstler Björn Martinius geschaffen.

Carl Milles (1875-1955) war ein bekannter schwedischer Bildhauer und schuf zum Beispiel bekannte Kunstwerke wie die Orfeusfontäne in Stockholm und die Poseidonstatue in Göteborg. Dass sich hier in Dorotea Kunstwerke von ihm befinden, ist unter anderem der Tatsache zu verdanken, dass sein Halbbruder Evert der Architekt der Kirche war.

Eine der Statuen war ein Geschenk des Künstlers selbst, die andere wurde von der Kirchengemeinde angekauft.

Der Künstler Björn Martinius (1908-1968) stammte aus Oslo und kam als Flüchtling 1942 nach Schweden. Dort arbeitete er in Stockholm. Die Abendmahlgruppe stellt sein größtes Werk dar.

⌘ Husvagnsmuseet (Wohnwagenmuseum)

Seit 1999 befindet sich hier das Wohnwagenmuseum der Firma Polar. Hier können Sie Wohnwagenmodelle seit den 60er-Jahren, in denen der Boom von Wohnwagen seinen Anfang nahm, besichtigen. Ausgestelltes Campingzubehör und Figuren mit der für diese Zeit typischen Campingkleidung vermitteln ein lebendiges Bild, wie Campingleben einmal ausgesehen und sich im Laufe der Zeit verändert hat.

Die Firma Polar ist einer der größten Arbeitgeber in Dorotea und stellt die bekannten Wohnwagen dieser Marke her.

♦ Storgaten 63C, 917 32 Dorotea, das Museum und der angeschlossene Souvenirshop sind im Sommer geöffnet. Der Eintritt erfolgt auf Spendenbasis.

⌘ Hembygdsgården Kullerbacken

Direkt hinter der Kirche liegt das Freilichtmuseum Kullerbacken. Hier hat man historische Gebäude aus Dörfern der Umgebung aufgebaut, die ältesten stammen aus der Zeit des 18. Jahrhunderts.

Auch Kotas und Vorratshäuser der samischen Kultur sind hier zu finden. Ausstellungen in den Gebäuden zeigen Kleider und Hausgeräte aus vergangenen Zeiten.

Die Bäckerstube in der Mitte des Geländes wird im Sommer oft genutzt. Dann werden auch Kaffee und Waffeln angeboten.

♦ Kyrkvägen 9, 917 32 Dorotea, epost@dorotea-hembygdsförening.se, www.dorotea-hembygdsforening.se, in der Hochsaison (Juli-August) in der Regel täglich 11:00-15:00, nähere Informationen über andere Öffnungszeiten über die Internetseite und per E-Mail. Der Eintritt ist frei.

104 Trafikverkets rastplatz AC 12 Meselefors, Frischwasser, Toilette, Behindertentoilette, Abfallbehälter, Entleerungsmöglichkeit für Bordtoilette

Wenn Sie hier links abbiegen, erreichen Sie nach ca. 800 m den Campingplatz Meselefors.

Meselefors Camping, Meselefors 216, 912 90 Vilhelmina, 076/814 18 70, info@meselefors.com, 30. Mai-30. September, im Mai und Anfang Oktober kann der Platz geöffnet sein, bitte per E-Mail anfragen, 28 Stellplätze, 7 Hütten, Übernachtung für Camper ab SEK 220, Hütten ab SEK 480, Bettzeug oder Schlafsack kann mitgebracht oder für SEK 80 ausgeliehen werden.

126 Sie sind in Vilhelmina angelangt. Die Stadt hieß ursprünglich Volgsjö und war eine Siedlung, die 1776 am gleichnamigen Volgsjö entstand, an dem vorher schon Waldsaminnen und -samen siedelten.

Um 1794 entstand eine erste Kirche und die Siedlung entwickelte sich um diese herum zu einem kleinen Zentrum mit einem Kirchdorf. Von hier aus wurden durch einen Priester nun die umliegenden Siedlungen geistlich betreut.

1804 wurde der Name des Ortes in Vilhelmina geändert, zu Ehren der schwedischen Königin Friederike Dorothea Wilhelmina. Heute ist Vilhelmina ein zentraler Ort mit vielen infrastrukturellen Einrichtungen.

Vilhelmina

Touristinfo, Vilhelmina Turistinformation, Tingsgatan 1, 912 33 Vilhelmina, 09 40/398 86, turist@vilhelmina.se, https://visitvilhelmina.com/kontakt, Mo-Fr 12:00-16:00. Die Touristeninformation ist im Tingshuset untergebracht, das 1922 von dem Architekten Nils Nordén entworfen und im gleichen Jahr gebaut wurde. Das Gebäude zeichnet sich durch viele Elemente im sogenannten „fornnordischen Stil" aus. Zum Beispiel schließen die Balken über den Vorbauten mit stilisierten Drachenköpfen ab.

Saiva Camping&Stugby, Ryttarvägen 1, 912 31 Vilhelmina, 09 40/107 60, info@saiva.se, https://saiva.se, 1. Mai-30. September. Der Campingplatz liegt am Ortseingang von Vilhelmina aus Süden kommend am See Baksjön. Er hat 23 Hütten und 55 Wohnwagenplätzen und verfügt über einen Kiosk, Stellplatz mit Strom SEK 310, Hütten je nach Größe von SEK 390-1.590.

♦ Ein weiterer Campingplatz, Kolgårdens Stugby & Camping, liegt in aussichtsreicher Lage am See Volgsjön etwa 5 km von Vilhelmina entfernt, Lövliden 16, 912 92 Vilhelmina, 09 40/103 04, kolgarden@vilhelmina.ac, https://www.kolgarden.se, ganzjährig geöffnet, Übernachtung mit Strom SEK 330, @, ✕. Fahren Sie auf der E 45 hinter Vilhelmina in Richtung Norden und folgen Sie dann der Beschilderung „Vildmarksvägen" nach links. Nach ca. 1 km erreichen Sie den Campingplatz, an dem sich auch ein Restaurant mit vollen Ausschankrechten befindet.

Hotell Wilhelmina AB 4-Sterne-Hotel, Volgsjövägen 16, 912 34 Vilhelmina, 09 40/554 20, info@hotellwilhelmina.se, https://hotellwilhelmina.se, ✕, Doppelzimmer So-Do SEK 1.350, Fr-Sa SEK 1.125

STF Vilhelmina Kyrkstaden, Tingsgatan 1, 912 33 Vilhelmina, 09 40/398 87, turist@vilhelmina.se, http://svenskaturistforeningen.se/vilhelmina, ganzjährig geöffnet, 50 Zimmer, Rabatt für STF-Mitglieder, Übernachtung im Doppelzimmer pro Person ab SEK 280 (Mitgliedspreis, Nichtmitglieder zahlen zusätzlich SEK 30 pro Übernachtung) Das Wanderheim liegt inmitten der pittoresken Kirchstadt Vilhelminas in direkter Nähe zum Zentrum.

✕ Bergmans Fisk & Vilt, Sagan 1, 912 92 Vilhelmina, 09 40/250 90, butiken@bergmansfiskochvilt.se, https://bergmansfiskochvilt.se, Mo-Do 10:00-17:00, Fr 10:00-18:00, Sa 10:00-15:00. In dem bekannten Hofladen kann man unter anderem geräucherten Fisch, geräuchertes Fleisch und Käse kaufen. Das dazugehörige Restaurant bietet Lunch und Abendessen.

Stenmans Kafé & kök, Volgsjövägen 21B, 912 32 Vilhelmina, 09 40/128 28, Mo-Fr 8:00-18:00, Sa und So 12:00-16:00

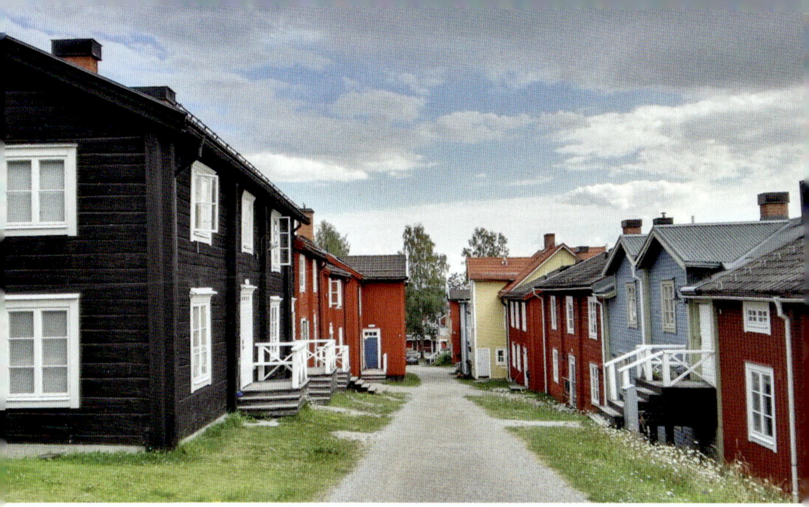

Vilhelmina Kyrkstaden

✝ Vilhelmina kyrka

Die Kirche von Vilhelmina steht oben auf dem Kirchberg, dem kyrkoberget. Interessant an der Ausschmückung der Kirche ist, dass hierbei auch Tierfelle verwendet wurden – am Altar Rentierfell, am Eingang an der Südseite Schaffell und am Haupteingang Bärenfell.

⌘ Kyrkstaden

Eine pittoreske Ansammlung von kleinen Holzhäuschen unterhalb des kyrkoberget (Kirchberges) mit Läden, Restaurant, Museum und Übernachtungsmöglichkeiten.

Die Kirchstadt entstand in den 1840er-Jahren aus der Notwendigkeit heraus, Übernachtungsmöglichkeiten für die Bauernfamilien und Saminnen und Samen aus der Umgebung zu schaffen, wenn diese zu Gottesdiensten und kirchlichen Feiertagen anreisten. Die Entfernungen zu den Siedlungen waren so groß, dass man nicht an einem Tag hin- und wieder zurückreisen konnte. So entstanden viele kleine Holzhäuser, die von verschiedenen Familien zu Übernachtungszwecken genutzt wurden. Neben den kirchlichen Feierlichkeiten nutzte man den Aufenthalt aber auch, um Bekannte oder Verwandte zu treffen, Taufen, Hochzeiten und Begräbnisse abzuhalten oder auf den zu diesen Anlässen veranstalteten Märkten einzukaufen. Da hier auch stärkere alkoholische Getränke angeboten wurden, führte das oft zu Trunkenheit unter den Besuchenden.

1921 vernichtete ein Brand etliche der kleinen Holzhäuser.

In der neueren Zeit, als die ursprüngliche Nutzung dieser Bauten nicht mehr notwendig war, kaufte die Stadt Vilhelmina die Häuschen auf, um das Kulturerbe zu erhalten. 21 Häuschen sind von ursprünglich 70 erhalten geblieben.

⌘ Vilhelmina Museum

Das Museum liegt in der Kirchstadt und ist im alten Gemeindehaus aus den 1890er-Jahren untergebracht. Es beherbergt verschiedene Sammlungen zu den Themen: Saminnen und Samen, Nybyggare, Vorzeit und Kleider und Textilien. Es bietet dadurch interessante Einblicke in die Geschichte der Stadt und ihrer Umgebung.

Vor dem Museum steht die Statue von Lapp-Lisa.

♦ Vilhelmina Museum, Museigatan 2, 912 33 Vilhelmina, ☏ 09 40/141 63, 💻 www.vilhelmina.se/uppleva-och-goera/museum, 🚪 Mo-Fr 9:00-16:00, Eintritt: SEK 40, Kinder bis 12 Jahre frei

Der Künstlername Lapp-Lisa bezieht sich auf den samischen Hintergrund des Geburtsortes der Künstlerin. Mit bürgerlichem Namen Anna Lovisa Wikström wurde sie 1889 in Mark, einem kleinen Dorf in der Nähe Vilhelminas, geboren. Als sie im Alter von zehn Jahren bei einem Unglück beinahe ertrunken wäre, gelobte sie, ihr Leben Gott zu widmen.

Sie schloss sich der Heilsarmee an und nahm dort später den Rang einer Offizierin an. Bald reiste sie im ganzen Land umher und verbreitete als eine immer bekannter werdende Sängerin Gottes Wort durch ihre Lieder, von denen etliche auch auf Schallplatten erhältlich waren.

Auch im Radio und Fernsehen war sie des Öfteren zu Gast. Auslandsaufenthalte in den USA machten sie auch dort bekannt. 1974 verstarb sie und liegt in Hedemora begraben.

Der Künstlername „Lapp Lisa" wurde auch von einer anderen Sängerin verwendet.

⌘ Skolparken

Im Park vor der Touristeninformation finden sich interessante Skulpturgruppen. Im Brunnen steht die Gruppe „Pojkarna" von Birgit Lindgren und ein Stück weiter die Statue „Maj" von Emil Näsvall. Die Skulpturen wurden geschaffen, um den öffentlichen Platz aufzuwerten.

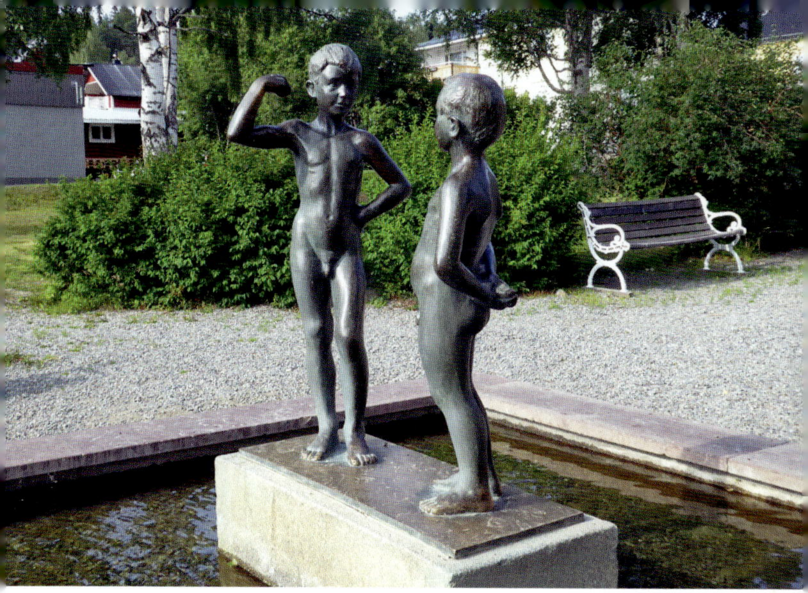

Skolparken Pojkarna

Kyrkoberget

Vom Kirchberg aus hat man eine weite Aussicht über den See Volgsjön. Hinter der Kirche beginnen angelegte Pfade (Kyrkbergsstigen). Für Kinder interessant ist der Sagostig (1 km), auf dem es viele sagenhafte Figuren zu entdecken gilt.

Von den beiden Trollen Tallus und Tallina, die am Beginn des Pfades stehen, existiert nur noch eine Figur.

☺ An dem Kultur-naturstig hat die Sami-Vereinigung Vualtjere-Duodji eine Samensiedlung nachgebaut, die interessante Informationen über den Bau von Kotas oder anderen samischen Gebäuden vermittelt.

130 Etwa 3 km hinter Vilhelmina in Richtung Norden zweigt von der E 45 links eine Straße in Richtung Saxnäs ab. Hier beginnt der eigentliche Vildmarksvägen, der auch ausgeschildert ist. Biegen Sie dort ab. Ca. 550 m weiter zweigt rechts eine Straße ab. ↳ Wenn Sie ihr folgen, gelangen Sie nach weiteren 700 m erneut an einen Abzweig nach rechts, der zu einem kleinen Campingplatz führt.

River Camp Sågån, Sågån 55, 912 92 Vilhelmina, 070/235 10 17, christian.trappern.nilsson@hotmail.com, https://rivercampsagan.com, im Sommer geöffnet. River Camp Sågån ist ein im Aufbau befindlicher kleiner Campingplatz am Sågån mit einfachen Sanitäranlagen, Stellplätzen für Wohnmobile und Wohnwagen und Hütten zur Übernachtung, Stellplatz mit Strom SEK 250, Hütten zwischen SEK 550 und 650.

Im Bach Sågån und den umliegenden Gewässern gibt es Angelmöglichkeiten. Ruderboote, Kanus und Fahrräder können ausgeliehen werden.

Die Fahrt geht nun durch landwirtschaftlich genutztes Land. Oft sieht man Bauernhöfe zwischen den Waldstücken. Bald erreichen Sie den lang gezogenen See Malgomaj.

142 Malgovik ist ein kleiner Ort an der gleichnamigen Bucht des Sees Malgomaj. 1941 wurde hier im Winter auf einem privaten Thermometer die Temperatur von -53° Celsius gemessen.

Malgovik Husvagncamping, 912 91 Vilhelmina, Rezeption: 070/398 04 93, Mai bis Oktober, Wohnmobil SEK 280, Zelt SEK 200, Hütten ab SEK 450. Der Campingplatz ist ein kleiner, neuer Platz direkt am See. Die Rezeption ist nicht durchgehend besetzt. Der Campingplatz ist kameraüberwacht. Es gibt ein Café und eine Boutique, die oft nachmittags geöffnet sind, sonst aber über einen Code, den man beim Einchecken und Bezahlen bekommt, zugänglich sind. Die Servicegebäude liegen auf der anderen Seite des Vildmarksvägen.

Der Vildmarksvägen verläuft auf der Strecke zwischen Vilhelmina und Stalon auf der gleichen Strecke wie der Sagavägen, eine Märchenstraße, die sich 670 km lang von Örnköldsvik am Bottnischen Meerbusen durch Nordschweden und Norwegen bis Brønnøysund an der Atlantikküste zieht.

An vielen Rastplätzen werden die Sagen und Märchen der jeweiligen Region durch Schautafeln und Figuren lebendig dargestellt.

Der Sagostig auf dem kyrkoberget in Vilhelmina und der bei Rönnas sind solche Orte, an denen die Welt der Trolle, Riesen, Elfen und anderer sagenhafter Wesen erfahrbar wird.

160 Vor Rönnäs überquert der Vildmarksvägen auf einer Brücke den Kvarnbäcken, der hier in den See Malgomaj mündet. Direkt dahinter liegt auf der rechten Seite eine gekieste Parkfläche, die zu dem Sagostig gehört, der links von der Straße beginnt.

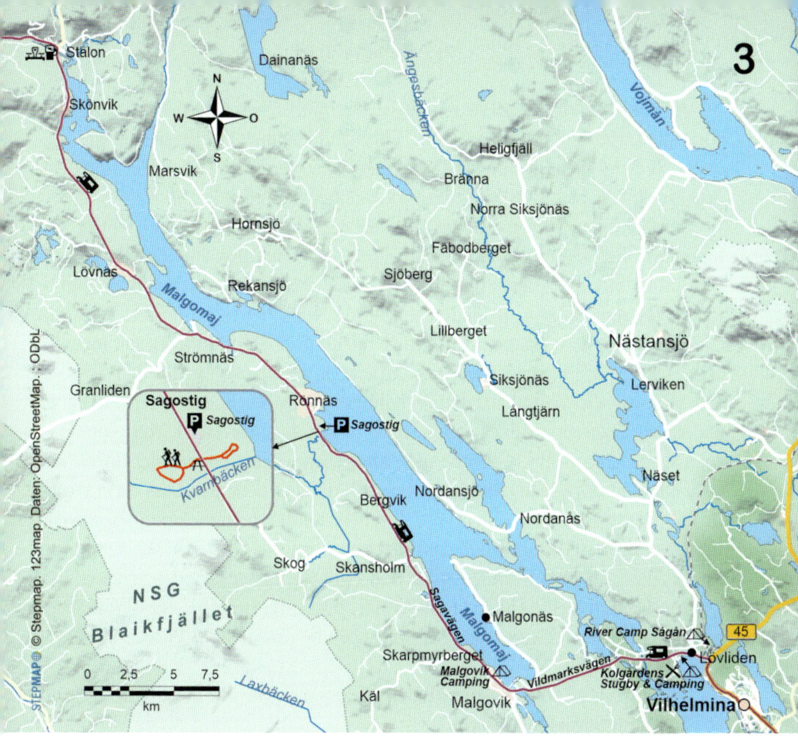

Sagostig

☞ *Karte 3, oben*

Von der Brücke aus sieht man schon die ⌘ erste Figur der sagenhaften Wesen aus der schwedischen Mythologie, um die es bei diesem kurzen Rundweg geht, den „Näcken i bäcken“, einen Wassergeist.

Der Stig beginnt an einem ⩚ überdachten Rastplatz, an dem weitere Figuren aus der Sagenwelt stehen, und führt danach in einer kurzen, ca. 100 m langen Runde durch den Wald. Der urwaldartige, dunkle Wald und der daneben rauschende Bach erzeugen eine etwas unheimliche Atmosphäre, die gut zu den Darstellungen passen. Dabei handelt es sich hauptsächlich um Bilder an Bäumen, verbunden mit Beschreibungen der dargestellten Wesen. Leider sind die Beschreibungen und Erzählungen von Tage Lundin, Linnea Fjällstedt, Mats Fahlén und Ingrid Lundebring nur auf Schwedisch verfasst.

Verschiedene magische Wesen aus der schwedischen Sagenwelt werden hier vorgestellt, wie z. B. Näcken, Vittror, Elfen und kopflose Wiedergänger.

Auch wenn nicht alle die Texte lesen können, vermitteln die Bilder doch eindrucksvoll, was man sich unter diesen Gestalten vorstellen kann.

Der Glaube an Vittror, die man eventuell mit „Wichtel" übersetzen könnte, war besonders verbreitet in den früheren Fäbod, den Almhütten auf den Sommerweiden des Weideviehs. Hier in dieser Abgeschiedenheit weitab von den Bauernhöfen war es für die Frauen und Kinder, welche das Vieh betreuten, leicht, an allerlei magische Wesen zu glauben. Die Vittror stellte man sich als Wesen mit menschlicher Gestalt vor, die sich aber auch unsichtbar machen konnten. Auch sie besaßen Vieh wie die Menschen, das sie hüteten. In der Regel existierten Menschen und Vittror friedlich nebeneinander, störte man jedoch das kleine Volk, konnte es auch sehr unangenehm gegenüber den Menschen werden und allerlei Unheil verursachen. In manchen Erzählungen wird auch darüber berichtet, dass diese Wesen kleine Menschenkinder gegen ihre eigenen Kinder vertauschten, sogenannte „bortbytningar" (Wechselbälge). Um sich gegen solches Unheil zu schützen, wurden oft ein „vitterkors", ein Kreuz, in den Türbalken einer Fäbod geschnitzt.

Den Näcken stellte sich man als Wassergeist in Form eines nackten Mannes vor, der mit seinem Geigenspiel die Menschen betörte und ins Wasser lockte.

> Ein paar Kilometer hinter Malgovik passieren Sie ein Schild mit der Aufschrift „Odlingsgränsen".

Hier verläuft eine Grenze, die seit 1867 das Verhältnis zwischen Rentierzucht und landwirtschaftlicher Nutzung regeln soll. Die Grenze verläuft durch ganz Lappland von Nordost nach Südwest entlang der Fjällkette.

Zwei Absichten wurden damit verbunden:

- ▷ Die Ausbreitung des Ackerbaus in die Gebiete der Rentierzüchter sollte begrenzt werden und nur noch unterhalb dieser Grenze stattfinden. Damit sollte gleichzeitig vermieden werden, dass unrentable Ansiedlungen in den für die Landwirtschaft ungünstigen Fjälllagen entstanden, da in dieser Zeit viele schwedische Bauernfamilien, sogenannte Nybyggare, versuchten, in Fjällgebieten zu siedeln.
- ▷ Die Weidegebiete für die Rentierzucht oberhalb der Grenze sollten geschützt werden vor der Zerstückelung durch Siedlerinnen und Siedler. Dadurch sollten Konflikte zwischen beiden Bevölkerungsgruppen vermieden werden.

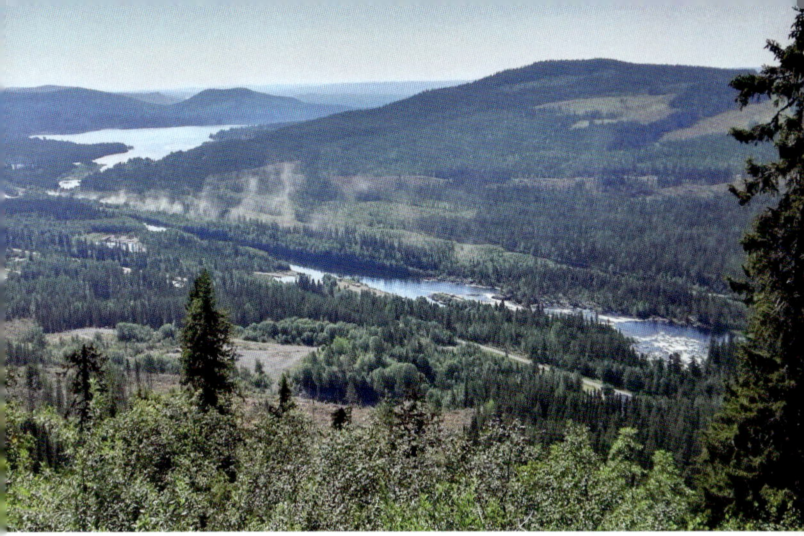

Blick vom Stalonberget

Dies gelang jedoch nur bedingt, da es zu diesem Zeitpunkt bereits Siedlungen oberhalb dieser Grenze gab, deren Bestand gewährleistet wurde.

☺ Berndhard Nordh beschreibt in seinen Büchern „Schatten über der Marshalde“ und „Norrlandsöhne“ spannend und anschaulich das Zusammenleben der samischen Bevölkerung mit den Nybyggaren.

188 Stalon

Stalon

Bei Stalon trennen sich Sagavägen und Vildmarksvägen. Während der Sagavägen sich nach Dikanäs fortsetzt, führt der Vildmarksvägen weiter in Richtung Saxnäs. In der kleinen Siedlung gibt es eine Tankstelle und einen Kiosk.

Der Name „Stalon“ stammt aus der samische Mythologie. Im südsamischen Bereich wurde mit „Stallo“ oder „Stalo“ ein menschenfressender Riese bezeichnet, der zwar gefährlich, aber auch dumm war, sodass die Saminnen und Samen, denen er nachstellte, ihm immer wieder durch listige Einfälle entkamen. Die vorgeschichtlichen Siedlungsreste wurden früher auch als „Stalotomter“ bezeichnet, da man sie für Reste der Behausungen des Riesen hielt.

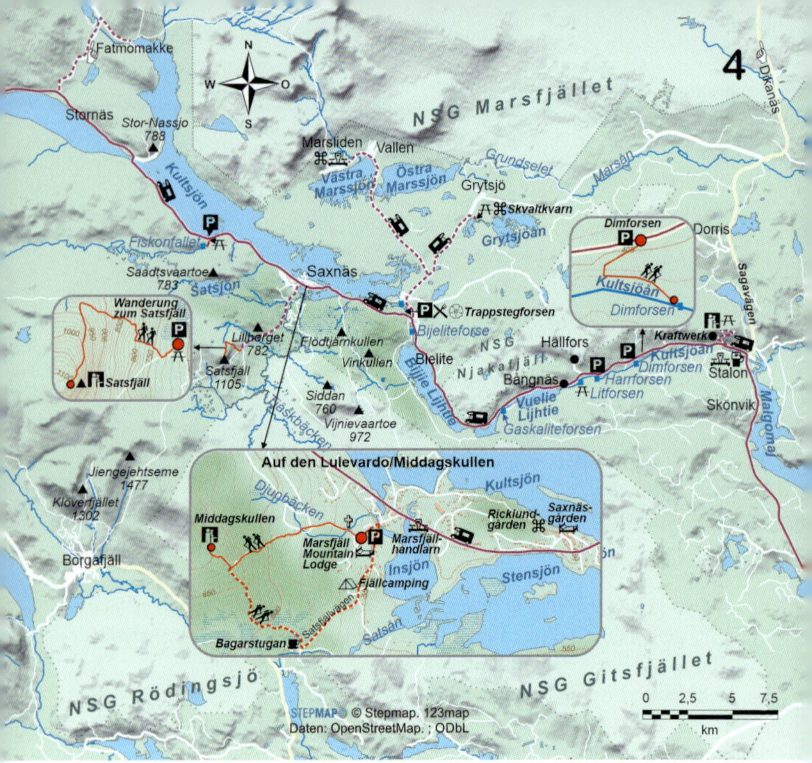

Fahren Sie an der Weggabelung von Saga- und Vildmarksvägen links in Richtung Saxnäs. Kurz darauf weist rechts das Schild „utsikt" auf den Aussichtspunkt auf dem Lill-Stalonberget hin. ☞ Folgen Sie der schmalen asphaltierten Straße, die an Kraftwerksgebäuden vorbei in steilen Serpentinen auf eine Höhe von 620 m führt.

Dort lädt an einem Wendehammer ein kleiner Rastplatz zur Pause ein.

Von dieser Stelle aus hat man einen fantastischen Ausblick in die Ferne. Nach Süden schweift der Blick über den Malgomaj-See, im Norden erblickt man die Gipfel der Fjälls in Richtung Norwegen und direkt unterhalb bahnt sich der Kultsjöån seinen Weg durch die Wälder des Tals.

Ein gekiester Weg führt noch ein Stück höher hinauf zu den Resten einer alten Landepiste auf dem Gipfel des Berges. Nun öffnet sich der Blick auch nach Osten über die endlosen Fjälls des südlichen Lapplands.

Die Start- und Landebahn wurde in den 50er-Jahren von Vattenfall im Zusammenhang mit dem Bau des Kraftwerks Stalon gebaut. Von hier aus konnten Inspektionsflüge zu Anlagen im Fjäll unternommen werden. Die Kürze der Bahn machte dies zu einem waghalsigen Unternehmen. Das Material zur Schotterung der Piste stammte aus dem Aushub des Kraftwerkbaus.

⌘ In Stalon finden sich auch Relikte aus vorgeschichtlichen Zeiten. Auf Stalonnäset kann man bei Niedrigwasser kreisförmige Anlagen für Behausungen entdecken, die bei Hochwasser allerdings überdeckt sind. Wenn Sie auf dem Weg nach Dikanäs im Ort rechts nach Ö-Stalon abbiegen, finden Sie kurz vor der nächsten Brücke etwas versteckt auf der rechten Seite eine Informationstafel dazu.

In Stalon beginnt der wahrscheinlich landschaftlich schönste Abschnitt des Vildmarksvägen. Die Straße folgt in einem Tal dem Verlauf des Kultsjöåns. Urwüchsige Wälder säumen den Fluss, der immer wieder in schäumenden Kaskaden und brausenden Wasserfällen über Geländestufen stürzt. Die vielen Stromschnellen, die hohen spitzen Tannen – eine Landschaft, die an Kanada erinnert. Mit etwas Glück haben Sie hier die ersten Begegnungen mit Rentieren am Straßenrand. Bald erreichen Sie den ersten Wasserfall.

193 Nicht weit hinter Stalon weist ein kleines Schild auf der linken Seite auf den Wasserfall **Dimforsen** hin. Am rechten Fahrbahnrand findet sich eine Parkbucht. ✋ Das Schild ist klein und erst aus näherer Entfernung zu erkennen, sodass die Gefahr besteht, daran vorbeizufahren.

Parken Sie dort und folgen Sie dem schmalen Kiesweg hinunter zum Kultsjöån. Sie befinden sich nun oberhalb des Wasserfalls. Auf der linken Seite beginnt ein kleiner Steig, der flussabwärts führt. Er ist in erster Linie für die Fliegenfischerinnen und -fischer gedacht, die hier aktiv sind. Der Steig ist mit Wurzeln durchsetzt und schlängelt sich durch den dichten Nadelwald am Ufer. An manchen Stellen überbrücken Holzbohlen sumpfige Stellen. Nach ein paar Hundert Metern erreichen Sie den Wasserfall. Nun können Sie an verschiedenen Stellen zum Flussufer abzweigen.

Dabei gelangen Sie entweder in einer Felsspalte direkt an den tosenden Wasserfall – es ist ein eindrucksvolles Erlebnis, wenn die brausenden Wassermassen dicht an Ihnen vorbei strömen – oder Sie gehen noch ein Stück weiter, bis Sie an eine aussichtsreiche Stelle gelangen, an der Sie den gesamten Dimforsen überblicken können. Bei starker Wasserführung liegt oft ein Nebel (Dimma) über dem Wasserfall, der dem Dimforsen seinen Namen gegeben hat.

Dimforsen

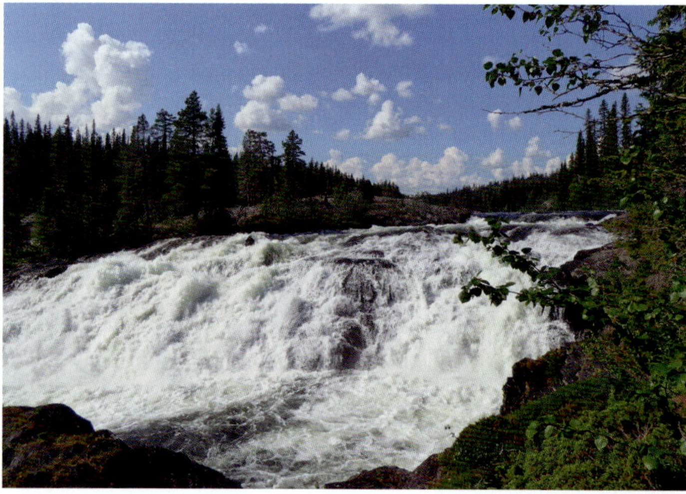

197 Ein Stück weiter auf der Straße markiert ein ebenfalls unscheinbares Schild den **Harrforsen.** In der Nähe finden sich Parkflächen am Vildmarksvägen. Vom Schild aus führt ein nicht befestigter Weg hinunter zum Wasserfall.

198 Nach einem weiteren Kilometer sehen Sie auf der Weiterfahrt die Stromschnellen des **Litsjöforsen** durch die Bäume schimmern.

Am Litsjöforsen befindet sich ein größerer Parkplatz mit Trockentoilette und Rastplatz.

Der Vildmarksvägen zieht sich nun am Ufer des Sees Vuelie Lijhtie mit schönen Ausblicken über den See auf die dahinter aufragenden Fjälls entlang. Der Gaskaliteforsen trennt den See Vuelie Lijhtie vom See Gaske Lijhtie.

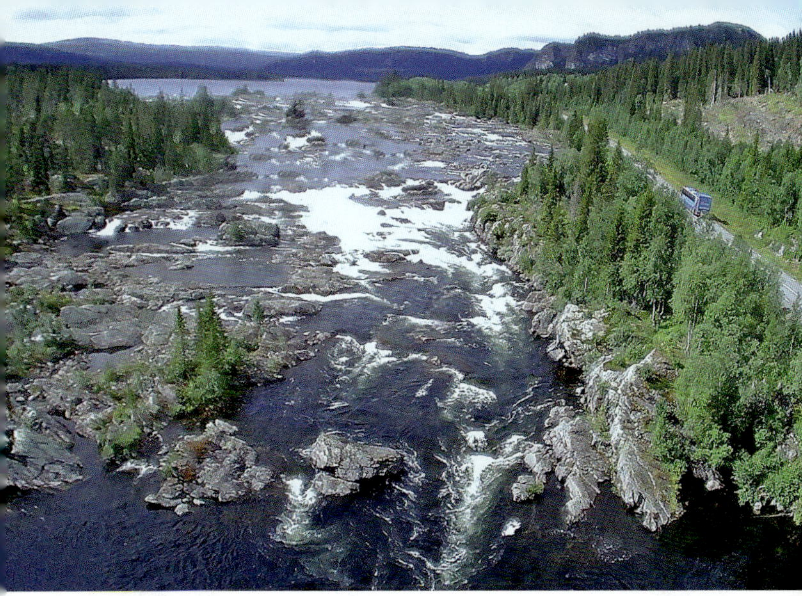

Drohnenbild Litsjöforsen

203 **Gaskaliteforsen**
Dahinter erstreckt sich der größere Bijjie Lijhtie, in dessen oberes Ende sich die Wasser des Bijeliteforsen stürzen.

211 **Bijeliteforsen**

212 Einen guten Kilometer weiter erreichen Sie das absolute Highlight der Wasserfälle, den Trappstegsforsen. Der Trappstegsforsen ist ein touristischer Höhepunkt des Vildmarksvägen und gilt als Schwedens meist fotografierter Wasserfall.

Trappstegsforsen

✕ ⲧ WC ✿ P

✕ Ein im Sommer geöffneter Imbiss, die Grillkojan, lädt mit kleinen Gerichten und Getränken zu einer Einkehr ein. Samische Gerichte sowie Waffeln mit Hjortron gehören dazu. Auch Souvenirs und Rentierprodukte werden angeboten.

WC Hinter der Grillkojan befinden sich Trockentoiletten.

P Eine große gekieste Parkfläche bietet auch für Wohnmobile Platz. In der Hochsaison kann es dennoch voll werden.

ⲧ Eine Reihe von Sitzgarnituren mit Tischen lädt zum Rasten ein.

Im Trappstegsforsen (= Treppenstufenwasserfall) fällt das Wasser aus dem Kultsjön 100 m tief, mit einer Breite von 30 m, in vielen kleinen treppenstufenartigen Kaskaden herab. Umrahmt von grünen Nadelwäldern bietet der rauschende Wasserfall ein grandioses Naturschauspiel.

Fotografieren Sie von der Begrenzungsmauer aus den Wasserfall in seiner kompletten Breite. Wenn Sie hinter den Trockentoiletten die Abgrenzung überschreiten, können Sie im Gelände bis an den Trappstegsforsen heranlaufen und von dort aus Bilder aufnehmen.

Abstecher zur Skvaltkvarn und Marsliden: Am Trappstegsforsen zweigt eine gekieste Seitenstraße ab, die zum Rastplatz an der Mühle Skvaltkvarn vor Grytsjö und nach Marsliden führt. Nach 3 km fahren Sie an der Weggabelung geradeaus und folgen der Straße 4 km bis zur Abzweigung zu der alten, 1989 renovierten Wassermühle Skvaltkvarn vor Grytsjö. Nach 600 m erreichen Sie die Mühle, die früher von Nybyggaren zum Kornmahlen genutzt wurde.

Grytsjö

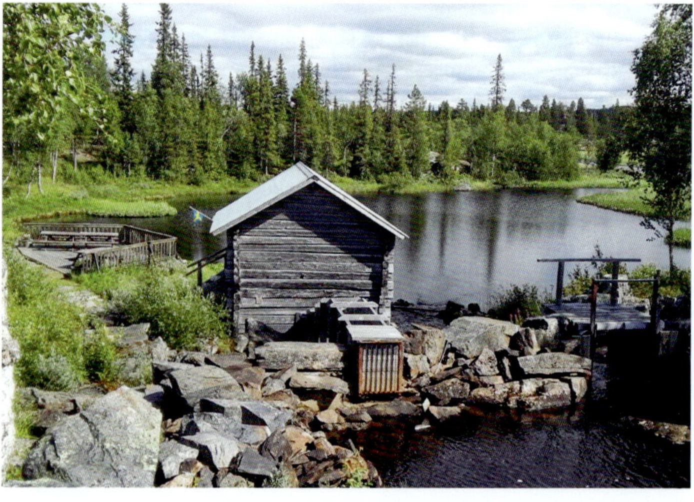

Skvaltkvarn in Grytsjö ⛩ WC ⌘

⛩ An der pittoresken Mühle liegt ein gut ausgebauter Rastplatz mit Windschutz, Bänken, Trockentoilette und einer Feuerstelle. Die ideale Picknickstelle für eine Pause. Gut ausgebaute Spazierwege erschließen das Gelände.

⌘ Das Besondere an einer Skvaltkvarn ist das horizontal drehende Wasserrad, das auf einer vertikalen Achse gelagert ist.

Der Name Grytsjö geht laut dem Buch „Gamla byar i Vilhelmina" von O. P. Petterson auf eine Erzählung zurück, in der beschrieben wird, wie ein Same Ende des Winters mit einem Rentierschlitten über den See fuhr, in dem das Tauwetter schon große Lücken im Eis verursacht hatte. Der Schlitten kippte und sein Kochtopf (*gryta*) fiel ins Wasser. Seit dieser Zeit wurde der See Grytsjön und die entstehende Ortschaft Grytsjö genannt.

Wenn Sie an der Weggabelung links abbiegen, gelangen Sie nach 10 km in die kleine Ortschaft Marsliden. Die Ortschaft wurde bekannt durch Bernhard Nordhs Bücher „Schatten über der Marshalde" und „Norrlandsöhne".

Marsliden ⌘

⌘ Fahren Sie bis zu dem größeren Kiosk mit Café im Ort und parken Sie dort. Ca. 150 m weiter hat eine Interessengemeinschaft auf der linken Seite der Straße die Hütte des ersten Siedlerpaars, Lars und Britta Pålsson, nachgebaut, die an diesem Ort 1856 als Nybyggare siedelten. Die Hütte dient als Museum (Öffnungszeiten ☞ Ausstellung über Berndhard Nordh), das anschaulich vermittelt, wie diese schwedischen Siedelnden versuchten, eine Landwirtschaft unter den harten klimatischen Bedingungen des Fjälls aufzubauen.

Die Familie zog mit sechs Kindern, Vieh und Hausgerätschaften in diese Wildnis und machte unter fast unerträglichen Strapazen das Land, das ihnen vom Staat übertragen wurde, urbar für landwirtschaftliche Nutzung. Not und Hungerjahre, in denen sie z. B. gezwungen waren, sich teilweise von Lemmingen zu ernähren, verlangten ihnen viel Kraft und Zuversicht ab, aber ihre unermüdliche Tatkraft führte dazu, dass sie einen kleinen Bauernhof bewirtschaften konnten. Andere Siedlerinnen und Siedler zogen später nach, es entstand eine kleine Siedlung.

Dazu kamen die Auseinandersetzungen mit den Rentiere züchtenden Samenfamilien, mit denen es zu Interessenkonflikten hinsichtlich der Nutzung des Landes kam. Rentiere fraßen das mühsam eingebrachte und auf Stapeln gelagerte Heu, das als Winterfutter dienen sollte. Im Gegenzug wilderten manche Siedler in den Rentierherden, um sich Fleischvorräte für den Winter zu verschaffen.

Der Staat versuchte mit Grenzziehungen (☞ Odlingsgräns) die Konflikte zu entschärfen, aber letztendlich hing es von den beteiligten Parteien selbst ab, auf welche Weise man zu Einigungen kam.

Auch in Nordhs Buch „Die Leute von Kroksjö" werden die unerträglichen Lebensbedingungen der Bauern im Fjäll, die zu einer Auswanderungswelle nach Amerika führten, thematisiert.

⌘ Schräg gegenüber befindet sich eine Ausstellung über Berndhard Nordh, sein Leben und seine Bücher.

♦ An den meisten Tagen von Juni bis August 10:00-17:30, genauere Informationen bekommen Sie bei Mårten Larsson: 070/555 70 12, fjallmannen@gmail.com. Der Eintritt ist frei.

Die „Bernhard Nordh-sällskapet" hat es sich zur Aufgabe gemacht, die Bücher des Autors bekannt zu machen, für ihre Verbreitung zu sorgen und Forschung über ihn und seine Werke zu fördern.

Die deutschen Ausgaben der Bücher von Nordh sind leider im Moment nur antiquarisch zu bekommen. Die schwedischen Ausgaben werden dagegen längs des Vildmarksvägen an vielen Stellen angeboten.

Am Treppstegsforsen überqueren Sie den Abfluss des Wasserfalls auf der Brücke und folgen weiter dem Vildmarksvägen.

218 Nach 6 km erreichen Sie die kleine Siedlung Saxnäs, die auf 540 m Höhe am See Kultsjön liegt.

Saxnäs

Saxnäs Fjällcamping, Kyrkvägen 11, 912 70 Marsfjäll, 070/300 01 80, https://visitvilhelmina.com/saxnas-fjallcamping, ganzjährig, gepflegter Campingplatz mit neuer, sehr sauberer Sanitäranlage, 30 Stellplätze mit Stromanschluss, holzgeheizte Sauna, Stellplatz SEK 250, Strom SEK 30 zusätzlich

Marsfjäll Mountain Lodge, Kyrkvägen 1, 910 88 Marsfjäll, 09 40/700 03, info@marsfjall.se, http://www.marsfjall.se, Vandrarhem pro Person ab

SEK 325, Hotel ab SEK 1.050. Es gibt im Anschluss an die Anlage einen Sommercampingplatz, Zeltplätze ab SEK 175, Stellplätze ab SEK 250, ✕ Restaurant.

Saxnäsgården Hotell & Konferens, Axel Arons väg 4, 910 88 Marsfjäll, ☎ 09 40/377 00, info@saxnas.se, saxnas.se, im Vandrarhem Zimmer ab SEK 790, im Hotel Doppelzimmer ab SEK 1.200, ✕ Restaurant

Mitten im Ort befindet sich der kleine Lebensmittelladen Marsfjällshandlarn, der alle Waren des täglichen Bedarfs führt. Eine Kaffeetheke ergänzt die Backwaren. Auf einer Holzterrasse am See hinter dem Laden kann man eine Kaffeepause mit Aussicht auf See und Berge machen. ☹ Es gibt keine Toilette. Der Laden fungiert gleichzeitig als Rezeption für den **Kultsjögården**, der Fjällhütten, private Hütten und Unterkünfte im Wanderheim vermittelt.

♦ Direkt daneben befindet sich das **Fiskecentrum Saxnäs**, ☎ 09 40/700 44, info@saxnasfishing.se, täglich 9:00-18:00. Hier bekommt man Ausrüstung, die Fiskekort und Jagdberechtigungen. Auch kann man geführte Angeltouren buchen

⌘ Ricklundgården wurde Ende der 40er-Jahre des vorigen Jahrhunderts von dem Künstlerpaar Folke und Emma Ricklund auf einem kleinen Hügel mit Aussicht auf den See und die Fjälls als Atelier und Wohnung erbaut und wird heute von einer Stiftung als Museum verwaltet. Die Villa mit Anklängen an den italienischen Baustil war damals wie heute ein Künstlertreffpunkt. Noch heute können sich Künstlerinnen und Künstler in zwei Gastateliers einmieten. Das Museum zeigt die Künstlerwohnung in ihrem ursprünglichen Zustand und beherbergt eine Vielzahl von Gemälden und textilen Kunstwerken.

Folke Ricklund (1900-1986) gilt als einer der großen Maler lappländischer Motive. Er lebte einige Zeit mit Rentiere züchtenden Saminnen und Samen zusammen und bezog seine Inspiration aus der wilden Natur des Fjälls.

Emma Ricklund (1897-1965) schuf viele Bilder und textile Werke. Nach der Trennung von Folke 1952 führte sie Ricklundgården weiter. Nach ihrem Tod entstand eine Stiftung, die Ricklundgården heute verwaltet.

♦ Ricklundgården, Axel Arons väg 6, 910 88 Marsfjäll, 076/113 73 40, emmasricklundgarden@gmail.com, im Sommer vom 30. Juni-20. August, Mi-Sa geführte Touren 10:00-11:30, Mi auch 12:00-13:30 und 13:30-15:00, Do-Sa Drop-in 12:00-15:00, alle geführten Touren müssen mindestens 24 Std. vorher über visning.ricklundgarden@gmail.com gebucht werden. Für geführte Touren gilt: maximal acht Personen pro Führung, SEK 200 pro Person. Für Drop-in gilt: SEK 75 pro Person, Besucher unter 16 Jahren haben freien Eintritt. Es kann nur mit Karte gezahlt werden.

⌘ Lisa Stämps Stuga

Lisa Stämps Stuga ist ein kleines Häuschen neben dem Museum im Stil der 60er-Jahre. Lisa Stämp war eine samische Hausangestellte und enge Vertraute von Emma Ricklund. Da sie von kleiner Statur war, ließ Emma später für sie ein ihrer Größe angepasstes kleines Häuschen direkt neben dem Ricklundgård bauen.

Saxnäs bietet auch Gelegenheit zu schönen Wanderungen im Fjäll.

Wandertipp: Auf den Lulevardo/Middagskullen

2,6 km, 1 Std., ↑ ↓ 172 m/172 m, ⇧ 550-722 m, beschildert,
Karte 4, Seite 56

Die kurze Wanderung bringt Sie zu einem Aussichtspunkt hoch über Saxnäs, der einen weiten Ausblick über den Ort, den Kultsjön und die Fjälls dahinter bietet.

Starten Sie an dem kostenfreien Parkplatz bei der Kirche von Saxnäs und folgen Sie der Straße, bis sie nach rechts abbiegt. Gehen Sie dort geradeaus.

Blick über Saxnäs

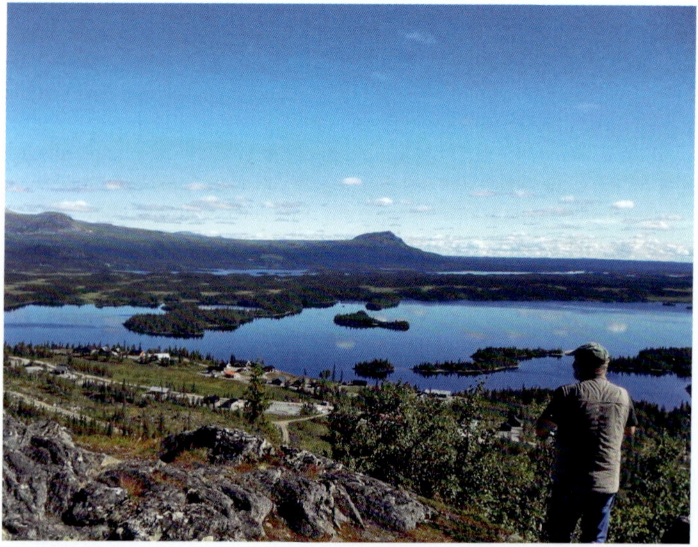

Dann sehen Sie gleich auf der linken Seite einen mit „Lule" beschilderten Wanderpfad zum Lulevardo abzweigen.

Der Pfad steigt durch dichten Wald in die Höhe. Dort gelangen Sie an eine Weggabelung. Das Schild „Lule Utsikt" weist Sie nach rechts. Steigen Sie weiter auf dem steiler werdenden Pfad auf, der zum Teil über felsige Partien in die Höhe führt, bis Sie den Aussichtspunkt erreichen.

Felsengruppen bieten gute Rastplätze. Dort erwartet Sie ein weiter Ausblick über Saxnäs, die umliegenden Seen und Fjälls.

Auf dem Rückweg können Sie entweder den gleichen Weg zurückgehen oder über die Bagarstugan und den Satsfjällvägen zurücklaufen. Für Letzteres folgen Sie, sobald Sie die Weggabelung wieder erreicht haben, dem Pfad, der geradeaus führt, bis er bei der Bagarstugan die Kiesstraße zum Satsfjäll erreicht. Folgen Sie der Straße zurück nach Saxnäs.

Wandertipp: Wanderung zum Satsfjäll

4 km, 2 Std., 400 m/400 m, 710-1.105 m, beschildert,
Karte 4, Seite 56

Am Satsfjäll bietet sich eine schöne Möglichkeit, auf einer kurzen Wanderung direkt hoch ins Kalfjäll zu gelangen. Auf dem 1.105 m hohen Gipfel haben Sie bei gutem Wetter einen umfassenden Panoramablick weit in die umliegenden Fjälls. Der Gipfelweg ist nicht auf allen Karten verzeichnet.

Der Wanderweg beginnt am Ende der 5 km langen Kiesstraße, die von Saxnäs aus zum Fuß des Satsfjäll führt. Die Seitenstraße ist in Saxnäs mit dem Ziel „Satsfjäll" ausgeschildert. Der Straßenzustand entspricht einem festgefahrenen Kiesweg, auf dem letzten Kilometer findet sich stellenweise loser Kiesbelag.

Am Ende des Weges gibt es kostenfreie Parkmöglichkeiten und einen Rastplatz mit Tisch und Bänken.

⌘ Direkt am Parkplatz befindet sich eine Skulptur des samischen Künstlers Thomas Colbengtsson. Auf der Spitze einer Pyramide aus weißen Quarzsteinen ruht auf Rentiergeweihen eine Glasskulptur, in der Personen, die hier im Fjäll gelebt haben, abgebildet sind. Die Skulptur soll einen Wegweiser durch Zeit und Raum darstellen.

In der samischen Tradition haben weiße Quarzitsteine magische Kräfte.

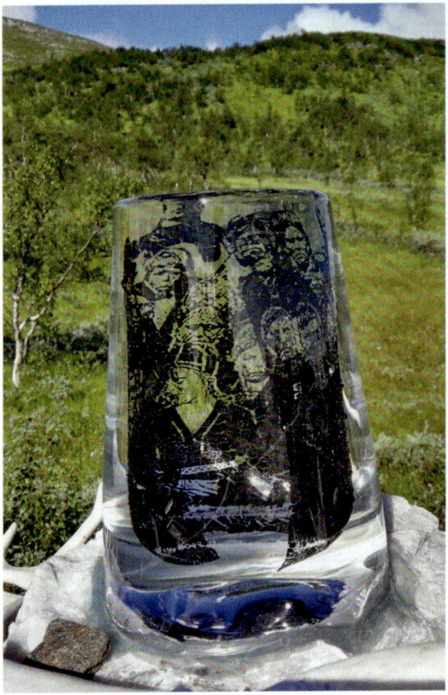

Kunst am Satsfjäll

Direkt daneben beginnt ein ausgeschilderter Wanderweg nach Borgafjäll. Folgen Sie ihm ein Stück, bis auf der rechten Seite ein Pfad zum Gipfel des Satsfjäll abzweigt. Der Pfad ist beschildert mit einem Gipfelsymbol.

Nun steigt der Weg steil über die Hänge des Fjälls an. Niedriger, dichter Birkenwald umgibt den Pfad, der immer höher hinaufführt. Unten wird die Kiesstraße, auf der Sie hergefahren sind, immer besser sichtbar, der Blick geht nun schon weit über die umgebende Fjälllandschaft. Nach ein paar Hundert Metern verzweigt sich der Weg. Folgen Sie dem geradeaus führenden Pfad, der nach rechts abbiegende Teil geht durch sumpfiges Gelände.

Weiter oben vereinigen sich beide Wege wieder. Nun überschreiten Sie die Baumgrenze und laufen im Kalfjäll über Fjällheide, in der sich viele Blumen zeigen.

Bald erreichen Sie die Kammlinie des Fjälls. Hier biegt der Wanderpfad scharf nach links und folgt dem Kamm. Bei schlechterem Wetter kann der Wind hier sehr stark sein.

Eine erste Höhe wird erreicht, darauf folgt der Endanstieg zum Gipfel, der mit einer Steinpyramide gekennzeichnet ist.

Der Gipfel bietet eine herrliche Rundumsicht auf die umliegenden Fjälls. Nach Westen geht der Blick über das nördliche und südliche Borgafjäll, im Norden ragt das Marsfjäll auf und im Südosten sieht man das Gitsfjäll.

Die beeindruckende Weite der Fjälllandschaft ist ein Erlebnis, das man so schnell nicht vergisst.

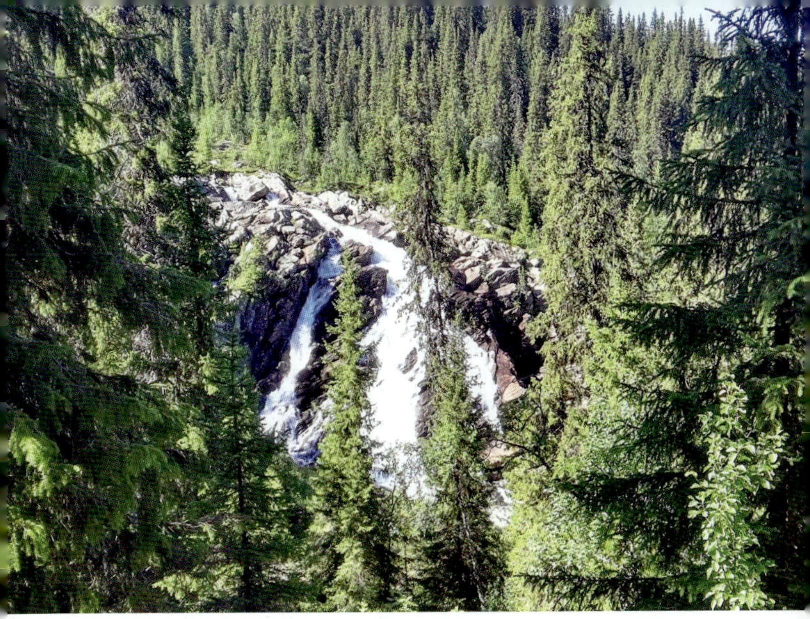

Fiskonfallet

Nach der verdienten Rast auf dem höchsten Punkt des Satsfjäll treten Sie den Rückweg an, entweder auf dem gleichen Weg, auf dem Sie gekommen sind, oder ↳ Sie steigen auf der Westseite des Fjälls herunter, bis Sie auf den Wanderweg nach Borgafjäll stoßen, den man von hier oben aus deutlich erkennen kann. Dem folgen Sie dann zurück zum Parkplatz.

224 **Fiskonfallet**

Ca. 6 km hinter Saxnäs weist vor der Brücke über den Bach Fiskonbäcken ein kleines Schild auf den Wasserfall Fiskonfallet hin. Kurz davor findet sich am rechten Fahrbahnrand eine Parkfläche. An dem Schild zweigt auch eine nicht asphaltierte, schmale Zufahrt zu einer Parkfläche im Wald ab.
Die Zufahrt ist nicht für Gespanne oder große Wohnmobile geeignet.
An dem Parkplatz im Wald beginnt ein ausgeschilderter, ca. 300 m langer Wanderpfad, der leicht ansteigend in der Nähe des Baches zu einer Aussichtsstelle führt, von der aus man den Wasserfall sehen kann.
Bei der Weiterfahrt führt bald eine einspurige Brücke über den Stornässund auf die andere Seite des Kultsjön.

237 ↳ Eine 7 km lange Seitenstraße zweigt hier auf der rechten Seite zu dem bekannten Kirchdorf Fatmomakke ab. Die ersten 5 km haben Kiesbelag, danach biegt der Weg an einer Weggabelung nach rechts ab. Der Rest der Straße ist asphaltiert und führt zu einem Parkplatz.

Die Kurve zum Parkplatz weit eine knickartige Steigung auf. Es besteht bei längeren Fahrzeugen die Gefahr, dass sie aufsetzen.

Fatmomakke

WC

Fatmomakke Naturcamping, 910 88 Marsfjäll, 070/393 49 36, 20. Juni-31. August, Stellplatz SEK 100

Neben dem Parkplatz befinden sich ein kleiner Kiosk mit typischem Souvenirangebot und ein Café.

Folgen Sie ab dem Parkplatz dem ausgeschilderten Weg zu der Kirchstadt, überqueren Sie auf einer Brücke den Ransarån, auf dessen gegenüberliegenden Seite sich die Siedlung erstreckt. Der Weg führt am Friedhof vorbei und gabelt sich dann und Sie können auf verschiedenen Wegen durch die kleine Siedlung streifen.

Folgen Sie dem Weg rechts auf die Höhe, stoßen Sie auf die Kirche.

Die Kirche wurde 1881-1884 erbaut und zuletzt 1978 restauriert. Ein kleines Taufbecken und ein Kerzenhalter daneben wurden aus Materialien der natürlichen Umgebung des Ortes geschaffen und künstlerisch passend zur samische Kultur gestaltet.

Das Altarbild stammt von 1883 und wurde von dem Künstler J. Meurek geschaffen. Es stellt die Verklärung Christi dar.

Hinter der Kirche liegen unter den Birken die ersten der 80 aus Holz errichteten Kirchkotas, in denen die Saminnen und Samen während der kirchlichen Feste wohnten.

Steigen Sie hinter der Kirche ein Stück herunter, treffen Sie auf eine größere, viereckige Gebetskota der Heilsarmee. Die in Schweden und den USA bekannte Gospelsängerin Lapp-Lisa, 1989-1974 (☞ Museum in Vilhelmina), die, gekleidet in der samische Tracht, singend das Evangelium in Skandinavien verbreitete und der Heilsarmee angehörte, stiftete diese Kota, die 1947 eingeweiht wurde. Die Heilsarmee war bereits seit 1887 in Fatmomakke aktiv.

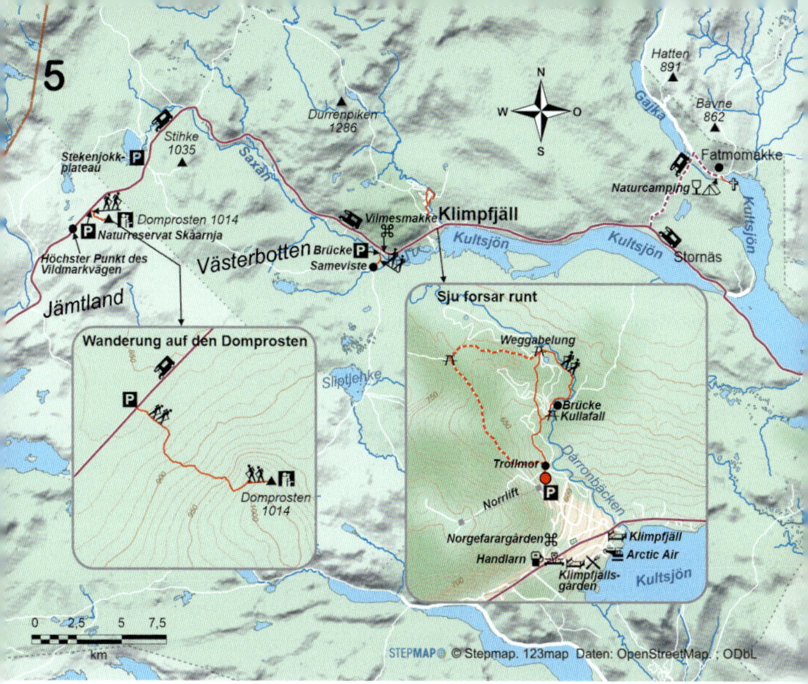

Weiter unterhalb liegen Hütten und Häuser, in denen die Nybyggare bei Festen eine Unterkunft fanden.

☞ Beachten Sie bitte, dass viele Gebäude in Privatbesitz und nicht zugänglich sind.

Fatmomakke ist eine sogenannte „Kirchstadt", auf Schwedisch „kyrkstad", die als Versammlungsplatz der umliegenden Saminnen und Samen sowie Nybyggare diente und heute noch genutzt wird. Ein solcher Ort diente in früheren Zeiten dafür, zu bestimmten kirchlichen Festtagen Gottesdienst zu halten, da der Weg zu größeren Orten mit einer festen Pfarrei für die dortige Bevölkerung zu weit war, um regelmäßig die Sonntagsgottesdienste besuchen zu können. Speziell die Rentiere züchtenden Saminnen und Samen mit ihrer nomadisierenden Lebensweise waren im Sommer, den sie bei ihren Herden im Fjäll auf den Sommerweiden verbrachten, für die Kirche sonst nicht erreichbar. Nur im Winter lebten sie weiter östlich in den Wäldern, näher an den Siedlungen mit einer Kirche.

Der Platz in Fatmomakke war geeignet für den Bau einer Kapelle, da er verkehrsgünstig am Kultsjö gelegen gut mit dem Boot erreicht werden konnte und die Saminnen und Samen bei ihren Wanderzügen mit den Rentierherden hier im Frühjahr, wenn sie ins Fjäll zogen, und im Herbst auf ihrem Rückweg vorbeikamen. Spätestens seit Ende des 18. Jahrhunderts befanden sich hier erste Gebäude und feste Kotas zur Unterbringung der Gottesdienstteilnehmenden. Für den Rest des Jahres standen die Hütten und Kotas leer. Später wurden immer mehr solcher Unterkünfte und eine immer größer werdende Kapelle errichtet, denn auch die schwedischen Siedlerinnen und Siedler kamen zu den kirchlichen Festen, die hier am ersten Sonntag im Juli und dem ersten Sonntag im September gefeiert wurden. Später erhöhte sich die Zahl der Feiertage auf vier.

Neben den Gottesdiensten fand auch das sogenannte „husförhör" statt, bei dem der Priester die Mitglieder der Familien auf ihr religiöses Wissen prüfte.

Eine Anekdote dazu, frei übersetzt und wiedergegeben aus der Broschüre „Fatmomakke" von Nils Eriksson, herausgegeben von Rudolf Fjällström: Bei einem „husförhör" wurde ein alter Same von dem Hilfspfarrer, der gerade Dienst tat, gefragt, ob ungetaufte Kinder selig werden könnten. Der Mann überlegte kurz und antwortete dann: „Ja, das würde ich auch gerne wissen." Der Priester schwieg eine Weile verblüfft. Der Alte erhob sich, ging und murmelte deutlich hörbar vor sich hin: „Ich glaube, der Pfarrer weiß es auch nicht."

Nicht nur die Kirche konnte hier Kontakt zur einheimischen Bevölkerung pflegen, auch der Staat schickte seine Repräsentanten zu den Feiertagen nach Fatmomakke. Die Amtspersonen „Länsmannen und Lappfogden" konnten dann dort ihren Geschäften nachgehen, Jagd- und Fischrechte klären, Beurkundungen vornehmen, Streitfälle schlichten und Gerichtsbarkeit ausüben. Bei diesen Treffen fanden ebenfalls viele Taufen und Hochzeiten statt. Die seit dem letzten Treffen Gestorbenen konnten nun hierhergebracht werden, um in geweihter Erde begraben zu werden. Auch ein Arzt fand sich oft bei den Treffen ein.

Neben den offiziellen Feierlichkeiten fand gesellschaftliches Leben statt, da es sonst den verstreut wohnenden Menschen kaum möglich war, sich zu treffen. Man aß und trank zusammen, tauschte Neuigkeiten aus und die jungen Leute gingen auf Partnersuche. Aber auch Streitigkeiten konnten aufflammen und zu Auseinandersetzungen führen. Auch heute finden noch Gottesdienstfeiern an drei jährlichen Kirchenfeiertagen in Fatmomakke statt.

Fahren Sie zurück zum Vildmarksvägen und folgen Sie ihm noch 12 km weiter.

248 Sie erreichen Klimpfjäll, den letzten Ort vor dem Anstieg zum Stekenjokk-Plateau.

Klimpfjäll ist ein kleiner Ort, der sich an die steilen Abhänge des dahinter liegenden Fjälls schmiegt. Verschiedene Lifte bieten die Möglichkeit, Wintersport zu betreiben.

Das kleine Dorf, dessen Bevölkerung heute vom Tourismus und der Rentierzucht lebt, erlebte seine Blütezeit in den Jahren vor 1988, als auf dem Stekenjokk-Plateau eine Kupfergrube betrieben wurde, deren Arbeiter und Angestellte in Klimpfjäll wohnten und für die eine entsprechende Infrastruktur aufgebaut wurde (☞ Stekenjokk-Plateau).

Klimpfjäll

Hotel Klimpfjäll, Klimpfjäll1, 912 98 Klimpfjäll, ☎ 09 40/711 80, info@klimpfjall.se, klimpfjall.se, Doppelzimmer ab SEK 1.299. Das Hotel verfügt über ein Restaurant und neun Stellplätze für Wohnmobile, Stellplatz SEK 300.

Klimpfjällsgården, Kultsjövägen 3, 912 98 Klimpfjäll, ☎ 09 40/710 52, info@klimpfjallsgarden.se, klimpfjallsgarden.se, Doppelzimmer ab SEK 1.250, Restaurant

Der Campingplatz im Ort wird nur fürs Dauercampen genutzt.

Ein kleiner Laden (Klimpfjällshandlar'n) führt Waren des täglichen Bedarfs.

ARCTIC AIR bietet Rundflüge mit Helikoptern über die Fjällwelt an. Kultsjövägen 20, 912 98 Klimpfjäll, ☎ 09 40/710 68, info@norrhelikopter.se, arcticairklimpfjall.se, Grundpreis in der Sommersaison ab SEK 750 pro Person

⌘ Im Ort weist eine Beschilderung den Weg zum Norgefarargården, dem „Norwegenfahrerhof". Wenn Sie ihr folgen, gelangen Sie zu einem unter Denkmalschutz stehenden, großen Holzhaus mit Nebengebäuden aus dem 19. Jahrhundert.

Direkt an dem Haus kann man nicht parken, ein Stück davor gibt es begrenzte Parkmöglichkeiten. Im Hof befindet sich ein Sommercafé und in einem Nebengebäude ein kleiner Hofladen, in dem landestypische Erzeugnisse wie Käse, Rentierfleisch, Marmelade und Fisch ebenso angeboten werden wie Handwerksprodukte. Auch ein kleiner Loppis ist integriert. Der Verkauf findet über das Café statt. Das Café im Erdgeschoss bietet Kaffee, Kuchen und vor allem leckere Waffeln mit Hjortron an.

Der Norgefarargården wurde von einem der ersten Nybyggare an diesem Ort erbaut und entwickelte sich Anfang des 20. Jahrhunderts zu einem stattlichen Bauernhof. Dieser bot auch den „Norwegenfahrern", den Bauern aus der Umgebung, die zu den Handelsplätzen Kroken und Mosjöen in Norwegen reisten, eine letzte Unterkunft für Menschen und Zugpferde vor der oft mühsamen und gefährlichen Überquerung der Fjälls.

Diese geschah in der Regel im Winter, wenn die landwirtschaftliche Arbeit weitgehend ruhte und die sommerlichen Erträge der Höfe sowie die Pelze erjagter Tiere verkauft oder gegen andere lebenswichtige Waren wie Salz, Zucker oder Werkzeuge eingetauscht werden konnten. Mit Schlitten und Zugpferden machte man sich auf die gefahrvolle Reise durch das unwegsame Gelände, stets von Wetterstürzen, eisiger Kälte und Schneestürmen bedroht. Die Handelsplätze in Norwegen waren trotzdem für viele Bauern näher und schneller erreichbar als vergleichbare Orte in Schweden, wie z. B. Åsele, das fast 200 km entfernt lag. Später wurde das Hauptgebäude auch als Schule benutzt.

An den Hofgebäuden beginnt der Norgefararleden, ein ca. 40 km langer Wanderweg, der der alten Route der Norwegenfahrer folgt.

Beginn des Norgefararleden

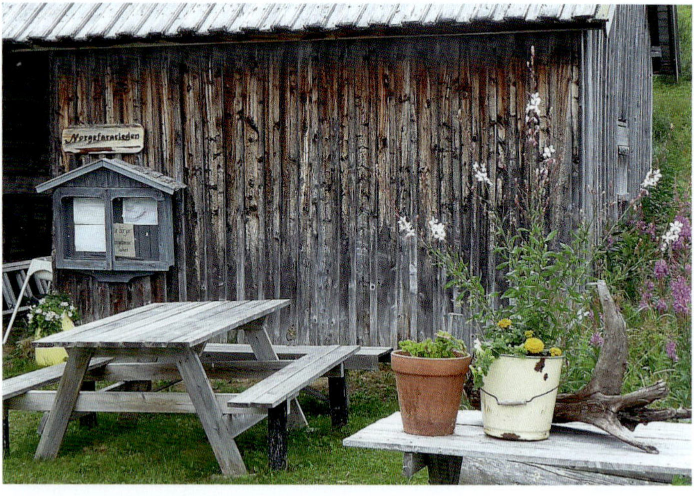

Heute fungiert der Hof als Museum, das mit vielen Möbeln und Gegenständen aus der Zeit um 1900 eingerichtet ist und so einen anschaulichen Eindruck aus dem Leben dieser Zeit vermittelt. Im oberen Stockwerk befindet sich ein altes Klassenzimmer aus der Zeit, in der hier unterrichtet wurde.

♦ Under Klimpberget, 912 98 Klimpfjäll, täglich 11:00-15:00, Eintritt frei

Klimpfjäll bietet auch die Möglichkeit zum Wandern.

Wandertipp: Sju forsar runt

3,8 km, 1 Std. 20 Min., ↑ ↓ 106 m/106 m, ⇧ 600-690 m, beschildert, *Karte 5, Seite 69*

Hier finden Sie einen Rundwanderweg, der Sie an sieben kleinen pittoresken Wasserfällen vorbeiführt. Kinder werden ihre Freude am Trollstig haben.

Beginnen Sie die Wanderung am kostenfreien Parkplatz des Norrlifts und folgen Sie der beleuchteten Loipe (Elljusspår), bis Sie an die Figur Trollmor und die Beschilderung „Trollstigen" und „7 forsar" kommen. Biegen Sie links ab und folgen Sie dem Trollstig.

An dem kurzen Pfad finden sich eine Menge lustige bunte Figuren. Kindern wird es Freude machen, diese alle zu entdecken.

An der Weggabelung halten Sie sich rechts und erreichen bald den ersten Wasserfall, den Kullafallet, an dem es Rastmöglichkeiten gibt. Kurz dahinter führt eine Brücke über den Dårronbäcken. Bleiben Sie auf dem Pfad am linken Ufer und gehen Sie nicht über die Brücke. Im weiteren Verlauf des Wanderpfades treffen Sie noch auf sechs weitere pittoreske Wasserfälle, die vom Dårronbäcken gebildet werden.

Wenn der Pfad den Bach verlässt, führt er durch offenes Gelände, das weite Ausblicke in die Gebirgswelt ermöglicht. Eine Weggabelung mit Rastplatz lässt Ihnen die Wahl, ob Sie nun links abbiegen und zurück bis zur Weggabelung am Trollstig laufen möchten oder eine Alternative wählen.

Wenn Sie geradeaus weiterlaufen, können Sie von hier aus die Wanderung noch über den Kullaleden ausdehnen, in deren Verlauf Sie einen Aussichtsplatz erreichen, an dem sich ein eindrucksvoller Blick über das Klimpfjäll und den Kultsjön bietet. Im weiteren Verlauf stoßen Sie dann auf den Norgefararleden, der Sie zurück nach Klimpfjäll bringt.

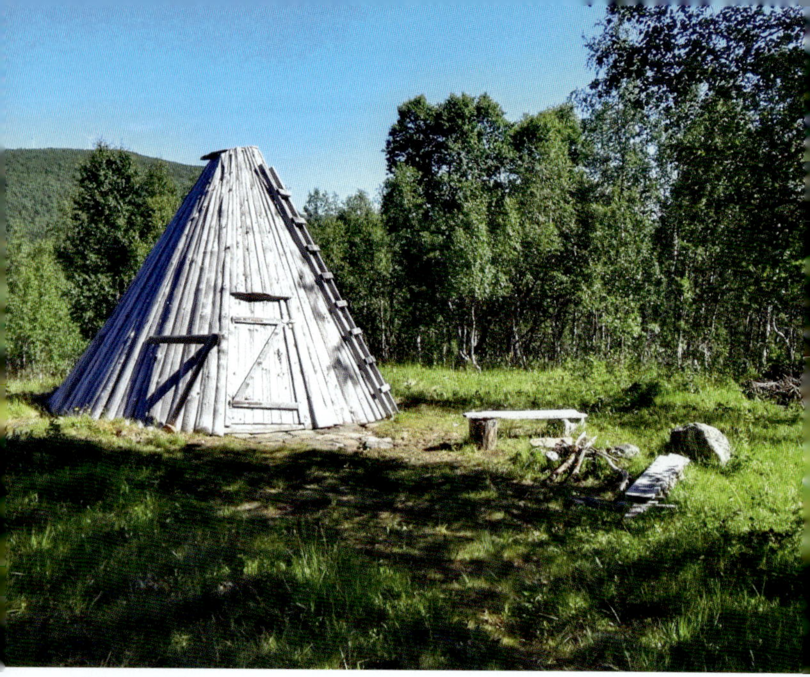

Vielmesmakke

Ungefähr 2,5 km hinter Klimpfjäll in Richtung Stekenjokk ⇳ biegen Sie links ab in Richtung ⌘ Vielmesmakke und parken in der Nähe der Brücke über den Saxån.

Von hier aus ist es noch ein knapper Kilometer Fußweg zu der Sameviste. Überqueren Sie die Brücke und folgen Sie dem Weg, bis Sie auf der linken Seite die Gebäude sehen. Ein Informationsschild gibt auf Schwedisch, Samisch und Englisch Auskunft über das 2009 renovierte Samenlager, in dem es von 1925-1950 auch eine Schule für die Kinder des Marsfjällgebietes gab. Vom 1. Juli bis zum 5. Oktober fand hier Unterricht statt. Im Winter wurde in Skarvsjöby unterrichtet.

Heute findet man dort private Kotas, die nicht betreten werden dürfen, und geschützte Relikte aus früheren Jahren der Besiedlung. Das Lager vermittelt auch heute noch einen Eindruck, wie ein typisches Sommerlager Rentiere züchtender Saminnen und Samen früher ausgesehen hat.

Anfang des 20. Jahrhunderts wurden die samischen Kinder in Nomadenschulen, den *nomadskolor*, von speziell ausgebildeten „Nomadenlehrerinnen und -lehrern" unterrichtet, da die Eltern oft noch mit den Rentierherden bei deren Wanderungen mitzogen.

Es gab dabei die „wandernde Nomadenschule" für die ersten drei Schuljahre, die den samischen Wanderstrecken weitgehend folgte, und danache die „feste Nomadenschule" in größeren Dörfern für weitere drei Jahre.

„Lapp skall vara lapp" – „Ein Lappe soll ein Lappe bleiben" – diese pädagogische und gesellschaftliche Devise war bei Schwedinnen und Schweden sowie Saminnen und Samen stark umstritten, ging sie doch davon aus, dass die schulische Unterweisung der Kinder von Rentiere züchtenden Saminnen und Samen darauf abzielen sollte, ihre nomadisches Lebensweise beizubehalten. Deshalb sollten sie auch während der Schulzeit nach wie vor in Kotas wohnen und ihre Gebräuche beibehalten.

Damit sollte verhindert werden, dass sie später ihre Kultur und Lebensweise aufgeben und in anderen Erwerbszweigen ihr Geld verdienen würden. Auch bei manchen Saminnen und Samen gab es Bedenken bezüglich eines Verlustes kultureller Idendität. Dies führte jedoch zwangsläufig zu einer geringeren Bildung im Vergleich zu schwedischen Schülerinnen und Schülern und einer Ausgrenzung aus der schwedischen Gesellschaft und wurde sowohl von samischer als auch von schwedischer Seite scharf kritisiert und später abgeschafft.

Dass immer mehr Saminnen und Samen die Rentierzucht aufgaben und sesshaft wurden, hatte weniger mit der Schulbildung als mit ökonomischen Gründen zu tun.

Hinter Klimpfjäll verändert sich das Bild der Landschaft. Die Straße folgt dem Verlauf des Saxån und steigt dabei allmählich an den Hängen des Västra Fjällfjället in die Höhe.

Der Nadelwald bleibt zurück, niedrige Birken nehmen seine Stelle ein, aber auch diese werden spärlicher, bis sie ganz verschwinden und die karge Vegetation des Kalfjäll beginnt.

Immer höher geht es hinauf, bis die weite Landschaft des Stekenjokk-Plateaus erreicht ist.

Der Blick geht jetzt weit über die Hochfläche, hinter der sich die verschneiten Gipfel der norwegischen Fjälls erheben. Die Straße überquert den Saxån und schwenkt nun nach Süden.

272 Bald ist die erste große Parkfläche auf dem Plateau erreicht.

Stekenjokk-Plateau

Kostenfreier Parkplatz für Wohnmobile, keine Serviceeinrichtungen, in der Regel findet sich ein Stand mit Souvenirverkauf.

Eine stilisierte Holzkota auf einer Erhebung markiert den Platz. In ihr findet man eine dreisprachige Schautafel (Schwedisch, Englisch, Deutsch), die über die Geschichte des Erzabbaus hier oben informiert.

Im ersten Jahrzehnt des 20. Jahrhunderts wurden die Erzvorkommen auf dem Stekenjokk-Plateau entdeckt. Es handelte sich dabei um Gestein, das reich an Kupfer, Zink und teilweise Gold war.

In den 60er-Jahren führte das Bergbauunternehmen Boliden Untersuchungen durch, um festzustellen, ob sich ein Abbau lohnen würde.

In der Folge begann 1976 auch aus arbeitsmarktpolitischen Gründen – um der teils arbeitslosen Bevölkerung Verdienstmöglichkeiten zu schaffen – der Erzabbau auf dem Plateau, der bis 1988 dauerte, als die Grube stillgelegt wurde. Für diesen Grubenbetrieb war es notwendig, eine Straße zu bauen, auf der die Erze nach Lövliden, einer Bahnstation, transportiert werden konnten. Von dort ging es dann per Bahn weiter zu den Verarbeitungsanlagen. Diesen Teil des Vildmarksvägen, der damals noch Stekenjokkvägen hieß, gibt es erst seit dieser Zeit.

Auch für die ortsansässige Bevölkerung war die Grubenanlage von Bedeutung, da hier Arbeitsplätze für sie geschaffen wurden. Besonders Klimpfjäll verzeichnete einen Bevölkerungsanstieg und entwickelte sich zu einem zentralen Ort mit entsprechender Infrastruktur.

Nach der Schließung der Grube verringerte sich die Anzahl der Bewohnerinnen und Bewohner Klimpfjälls wieder drastisch und eine Reihe von infrastrukturellen Einrichtungen verschwand.

Heute sind wieder Bestrebungen im Gange, den Grubenbetrieb erneut aufzunehmen.

In der Nähe der Parkfläche sind noch Reste der alten Grubenanlagen zu sehen.

Beachten Sie bitte, dass vom 10. Juni bis zum 10. Juli in großen Gebieten eine Vogelschutzzeit herrscht, während der Sie die Straße nicht verlassen dürfen, um das Brutgeschäft der Vögel nicht zu stören. Große Informationstafeln an der Straße bieten detailliert Auskunft darüber.

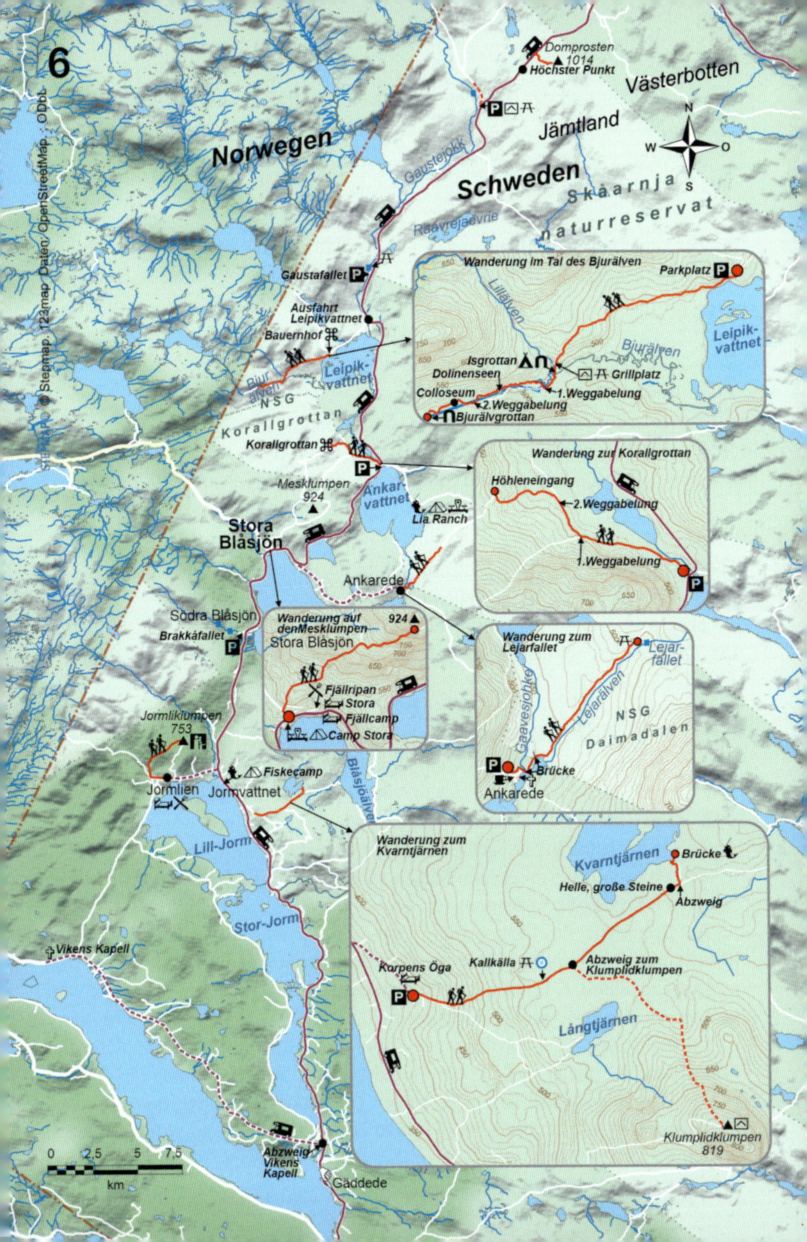
6
© Stepmap, 123map Daten: OpenStreetMap - ODbL
Norwegen
Schweden
Jämtland
Västerbotten
N
W
O
S
Domprosten
1014
Höchster Punkt
Gaustejokk
Raavrejaevrie
Skåarnja naturreservat
Gaustafallet
Ausfahrt Leipikvattnet
Bauernhof
Bjurälven
Leipikvattnet
NSG Korallgrottan
Korallgrottan
Mesklumpen
924
Ankarvattnet
Lia Ranch
Stora Blåsjön
Ankarede
Södra Blåsjön
Brakkåfallet
Jormliklumpen
753
Fiskecamp
Jormlien
Jormvattnet
Blåsjöälven
Lill-Jorm
Stor-Jorm
Vikens Kapell
Abzweig Vikens Kapell
Gaddede
0
2,5
5
7,5
km
Wanderung im Tal des Bjurälven
Parkplatz
Lillälven
Bjurälven
Leipikvattnet
Isgrottan
Dolinenseen
Grillplatz
Colloseum
1.Weggabelung
2.Weggabelung
Bjurälvgrottan
Wanderung zur Korallgrottan
Höhleneingang
2.Weggabelung
1.Weggabelung
Wanderung auf den Mesklumpen
924
Stora Blåsjön
Fjällripan
Stora
Fjällcamp
Camp Stora
Wanderung zum Lejarfallet
Lejarfallet
Gaavesjohke
Lejarälven
NSG Daimadalen
Brücke
Ankarede
Wanderung zum Kvarntjärnen
Kvarntjärnen
Brücke
Helle, große Steine
Abzweig
Korpens Öga
Kallkälla
Abzweig zum Klumplidklumpen
Långtjärnen
Klumplidklumpen
819

Auf den nächsten Kilometern verläuft die Straße ausschließlich im Kalfjäll und bietet Ihnen herrliche Panoramablicke. Bald überqueren Sie erneut die Grenze zwischen Jämtland und Västerbotten und befinden sich nun wieder in Jämtland.

Auf dem Stekenjokk-Plateau gibt es Wandermöglichkeiten im Kalfjäll, die vor allem durch ihren Aussichtsreichtum bestechen. Die niedrige Vegetation erlaubt auf allen Pfaden weite Blicke über das Land.

276 Sie fahren weiter bis zu dem Parkplatz, an dem das „Naturreservat Skåarnja" ausgeschildert ist.

Wandertipp: Wanderung auf den Domprosten

➲ 2,8 km, ⌛ 1 Std. 30 Min., ↑ ↓ 174 m/174 m, ⇧ 863-1.014 m,
☞ Karte 5, Seite 69

Die weglose Wanderung bringt Sie auf einen Gipfel, der einen fantastischen Panoramablick auf die umliegenden Fjälls bietet.

Start und Ziel ist der gebührenfreie Parkplatz am Vildmarksvägen unterhalb des Domprosten bei dem Schild „Naturreservat Skåarnja", GPS N 65°04.161' E 014°23.461'.

Überqueren Sie die Landstraße und folgen Sie dem gut sichtbaren Pfad in Richtung des Gipfels, den Sie vor sich sehen. Leider verläuft sich die Trittspur bereits nach ca. 100 m. Nun müssen Sie selbst einen Weg durch das Gelände finden. Umgehen Sie sumpfige Flächen, die je nach Niederschlagsmenge größer oder kleiner sein können, und versuchen Sie über höher liegendes Terrain den Anstieg zum Gipfel. In der Fjällheide blühen viele Fjällblumen. Die violetten Polster des Fjällglim fallen an einigen Stellen ins Auge. Der GPS-Track und die Karte zeigen die Route, die wir genommen haben.

Auf dem Gipfel des Domprosten erwartet Sie an der Gipfelpyramide ein 360° umfassender Panoramablick über die Fjällwelt. Mit dem Fernglas können Sie mit etwas Glück Rentiere, Fjällvögel, aber auch den selten gewordenen Fjällfuchs, von dem es hier eine Population gibt, entdecken. Der Rückweg erfolgt auf dem Hinweg.

Fjällfüchse sind bedroht durch die Ausbreitung des größeren und stärkeren Rotfuchses, der immer mehr in die Welt des Kalfjäll vordringt. Auch die zunehmende Unregelmäßigkeit von sogenannten „Lemmingjahren", in denen die kleinen Nager eine willkommene Beute für die Füchse darstellen, sorgt für eine Verminderung des Bestandes.

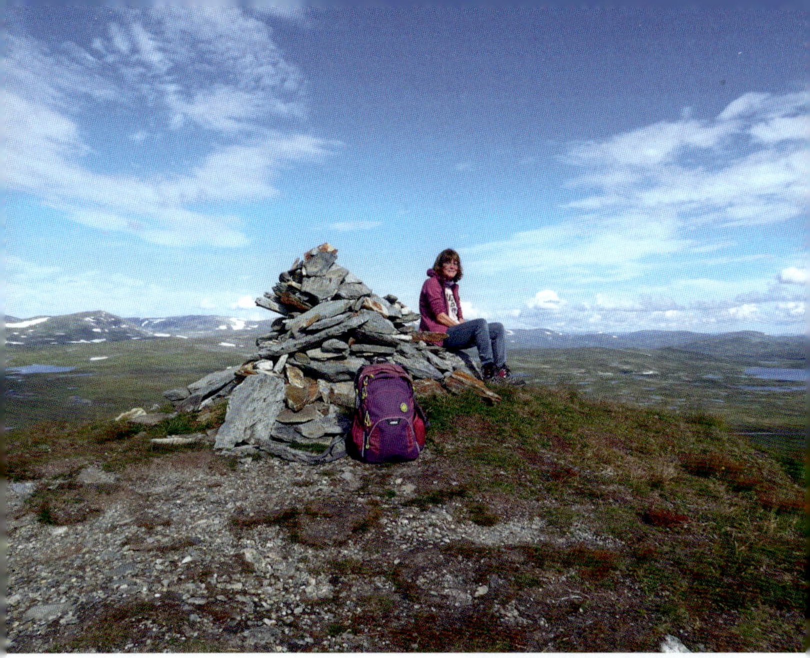

Gipfelrast

Kurz hinter dem Wanderparkplatz weist ein Schild darauf hin, dass an dieser Stelle bei 879 m der höchste Punkt des Vildmarksvägen erreicht ist.

An vielen Stellen können Sie das Auto abstellen, den Ausblick genießen, an einem der vielen Bäche picknicken oder außerhalb der Vogelschutzzeit auch querfeldein ein Stück wandern und die Freiheit fühlen, die man bei Wanderungen ohne Wege spürt.

279 Einen weiteren schön gelegenen Parkplatz finden Sie am Ende der Hochfläche. Eine Schutzhütte aus Beton mit einem Zeichen des Roten Kreuzes markiert ihn. Mit Pritschen ist die Hütten für Notübernachtungen ausgelegt.

Auch für eine Rast bietet sich der Platz an. Sie können kleine Spaziergänge oder Wanderungen zu dem Wasserfall weiter unterhalb unternehmen.

Der Vildmarksvägen führt nun langsam vom Stekenjokk-Plateau herunter in die Täler Jämtlands, lässt das Kalfjäll hinter sich und taucht ein in die weiten Birken- und Nadelwälder.

290 Kurz vor dem Leipikvattnet weist ein Schild an der Straße auf den Wasserfall Gaustafallet hin. Eine schmale Parkbucht an der Straße bietet nur wenigen Fahrzeugen Platz. Von hier aus führt ein ausgetretener Pfad hinunter in das Tal des Gaustejokk, das sich hier canyonartig verengt.

Der Wasserfall ist oft nicht auf Straßen- oder Wanderkarten vermerkt.

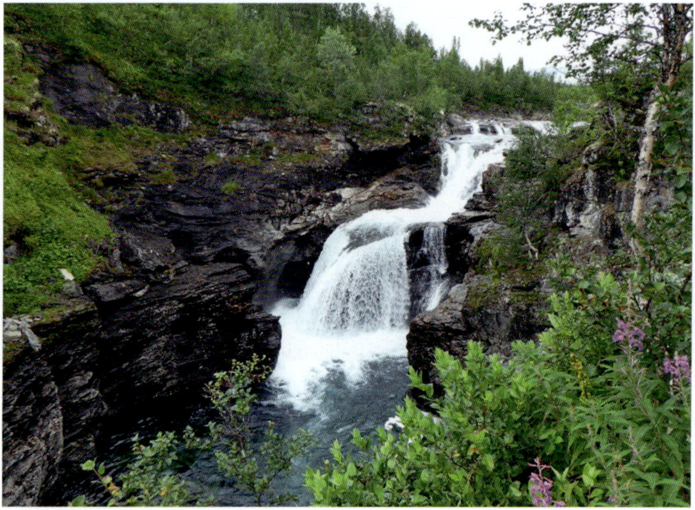

Gaustafallet

Gaustafallet

Der Pfad zum Wasserfall ist steinig, aber leicht zu gehen. Nach ca. 100 m erreichen Sie die Schlucht an einer Stelle, die einen schönen Ausblick auf die fallenden Wasser bietet. In zwei großen Stufen stürzt der Gaustejokk in einen engen Canyon, in den er sich schäumend und brausend seinen weiteren Weg sucht.

Am Aussichtsplatz befindet sich eine Picknickstelle. Stabile Geländer sichern den schmalen, oft glitschigen Pfad, der ein Stück entlang der Schlucht führt und immer wieder eindrucksvolle Ausblicke ermöglicht.

Bei der Verfilmung von Astrid Lindgrens Buch „Ronja Räubertochter“ wurde eine Szene hier an diesem Wasserfall gedreht.

293 Bei der Weiterfahrt stoßen Sie kurz darauf auf die ⮩ beschilderte Abfahrt zum Karstgebiet des Bjurälven. Ein 3 km langer Kiesweg führt zu einer Parkfläche an einem alten Bauernhof am See Leipikvattnet.

Um 1830 wurde dieser historische Hof angelegt, weil das nahe liegende Delta des Bjurälven gute Möglichkeiten zur Ernte von wildwachsendem Heu in den Mooren, dem sogenannten „starrhö", bot und es große, gute Weideflächen gab. Kühe und Schafe boten die Möglichkeit zur Landwirtschaft in einem Fjällgebiet. Auch die Jagd trug ihren Teil dazu bei. Die erzeugten Milch- und Wollprodukte konnte man am Ende des Sommers an Norwegerinnen und Norweger verkaufen, die im Gegenzug dafür Mehl, Tabak, Kaffee und andere Waren anboten. Der Hof wird heute noch teilweise genutzt.

Wandertipp: Wanderung im Tal des Bjurälven

10 km, 3 Std., ↑ ↓ 187 m/187 m, ⇧ 480-545 m, beschildert,
☞ Karte 6, Seite 77

Vom kostenfreien Parkplatz aus, an dem sich auch eine Trockentoilette befindet, führt ein ausgeschilderter Wanderpfad zu den interessanten Naturerscheinungen des Kartsgebietes am Bjurälven, der auch oft der „unsichtbare Fluss" genannt wird, da die Wasserführung in ihm durch den geologischen Untergrund und die jeweiligen Niederschlagsmengen stark schwankt, sodass manchmal das Flussbett trocken liegt.

1982 wurde hier ein 2.300 Hektar großes Naturreservat geschaffen. Ein bis zu 200 m breiter Kalksteinstreifen, der vor Millionen von Jahren aus Meeressedimenten entstanden ist, die sich aufgrund tektonischer Bewegungen gehoben und gefaltet haben, wird auf 3 km vom Bjurälven durchflossen. Das Wasser hat im Zusammenspiel mit der darin enthaltenen Kohlensäure diesen Kalk zum Teil gelöst, sodass viele Hohlräume entstanden sind, die dem Gestein die typische Karststruktur mit unterirdischen Wasserläufen und vielen Höhlen geben. Dieses Karstgebiet ist in Schweden einzigartig und beherbergt auch die längste Karsthöhle des Landes.

Der kalkhaltige Untergrund ist auch die Ursache für eine artenreiche Flora in diesem Gebiet. Auch die weiten Moorflächen an der Mündung des Bjurälven, die Vielfalt des Tierlebens und der kulturhistorisch interessante Hof am Leipikvattnet waren mit ausschlaggebend für die Entstehung dieses Schutzgebietes.

In diesem Naturreservat gelten die üblichen Verhaltensregeln wie z. B:

- ▷ keine Äste und Zweige abbrechen
- ▷ Feuer nur an den eingerichteten Feuerstellen machen
- ▷ keine Pflanzen pflücken
- ▷ keine Mineralien mitnehmen
- ▷ Hunde an der Leine führen

Der Wanderpfad, der auch als Winterweg mit den markanten roten Kreuzen ausgeschildert ist, beginnt auf einem ausgemähten Wiesenstreifen, der hinunter in Richtung des Sees angelegt wurde, biegt aber davor rechts in den Wald ein. Nach einem steilen Anstieg wird er nun zum teilweise steinigen, schmalen Pfad, der durch den dichten Wald in stetem Auf und Ab ohne große Höhenunterschiede in Richtung Bjurälven verläuft.

An vielen Stellen stehen längs des Weges Schautafeln, die Pflanzen der Umgebung beschreiben und die Wanderung durch den Mischwald interessanter machen. Am Wegrand und auf mit Birken bestandenen Lichtungen zeigt sich die vielfältige Flora der Landschaft. Nordisk Stormhatt (Eisenhut) und Tolta (Alpen-Milchlattich) sind häufig zu sehen.

Der kalkreiche Untergrund begünstigt das Auftreten von verschiedenen Orchideenarten. Die Jungfru Marie Nycklar (Geflecktes Knabenkraut) werden Sie mit Sicherheit finden. Auf moorigen Stellen wächst der Sonnentau, eine fleischfressende Pflanze.

Nach 1,5 km zweigt ein Pfad links ab in Richtung Korallgrottan. Der Pfad ist zugewachsen und wird nicht oft begangen, da der Hauptzugang zu dieser Höhle von anderer Stelle aus erfolgt.

⌂ Bei km 3 erreichen Sie eine Rasthütte mit Picknickstelle, die direkt am Hang neben dem herabstürzenden Bach Lillälven liegt. Hier beginnt im vor Ihnen liegenden Tal das Karstgebiet des Bjurälven. Am Grillplatz können Sie mit Holz aus dem Holzschuppen Feuer machen.

WC Ein Stück weiter finden Sie eine Trockentoilette.

Von nun an erleichtern steile Holztreppen an vielen Stellen den weiteren Weg. Die erste führt Sie hinab in das Tal, wo der Lillälven in den Bjurälven fließt. Direkt auf der anderen Seite bringt eine zweite Leiter Sie wieder auf eine Erhebung, auf welcher der weitere Pfad verläuft.

Erste Dolinen sind links vom Weg zu erkennen. Dolinen sind trichterförmige Bodensenkungen, die entstanden sind, als sich über dem von unterirdischen Wasserläufen ausgehöhlten Untergrund der Boden gesenkt hat und einbrach.

✋ Steigen Sie nicht in Dolinen ab, der scheinbar feste Boden am Grund könnte nachgeben und zusammen mit Ihnen in Hohlräume einbrechen. Es gibt über 300 Dolinen in diesem Gebiet, die sich auch verändern können. Außerdem entstehen oft neue Einbrüche, der Untergrund ist in Bewegung.

Dann erreichen Sie die Eishöhle, die *isgrottan.* In ihrer Tiefe von 10 m liegt auch im Sommer Eis. Die Höhle ist eingezäunt und darf nicht betreten werden, da die Gefahr besteht, nicht mehr herauszukommen. In einer dicht daneben liegenden, kleinen Höhle kann man in der Tiefe einen fließenden Höhlenbach sehen.

Bald geht es wieder hinunter zum Talgrund, wo der Bjurälven auf einer kleinen Brücke überquert wird. Eine Wegalternative führt hier nach links.

⛺ Dahinter liegt ein zum Zelten ausgewiesener Geländeteil.
WC Auch eine Trockentoilette ist vorhanden.

Die Stelle wird als Basislager für Höhlenforscherinnen und Höhlenforscher genutzt, die von hier aus einen kurzen Weg zu den Einstiegsstellen verschiedener Höhlen haben. Manchmal befindet sich hier ein regelrechtes kleines Zeltlager, in dem auf langen Leinen die spezielle Kleidung für solche Expeditionen zum Trocknen hängt.

Im Hintergrund strömt ein Bach direkt aus einem Höhleneingang im Talhang.

✋ Das Begehen aller Höhlen ist nur für erfahrene Höhlenforschende mit der notwendigen Ausrüstung erlaubt und bedarf außerdem einer Genehmigung durch die Landesregierung der Provinz (Länsstyrelsen).

Auf der anderen Seite des Baches steigt der Pfad erneut hoch auf eine Bodenerhebung. Tief unten sieht man Quelltöpfe, in denen es sprudelt.

In Quelltöpfen steigt Wasser aus unterirdischen Wasserläufen an die Oberfläche. Manchmal sieht es so aus, als würde das Wasser dort unten kochen – ein Eindruck, der durch die Bewegung der Wasserströmung hervorgerufen wird. Das Wasser ist aber kalt. Im weiteren Wegverlauf taucht in der Tiefe ein Bach auf, aus dessen Versickerung das Wasser der Quelltöpfe stammt.

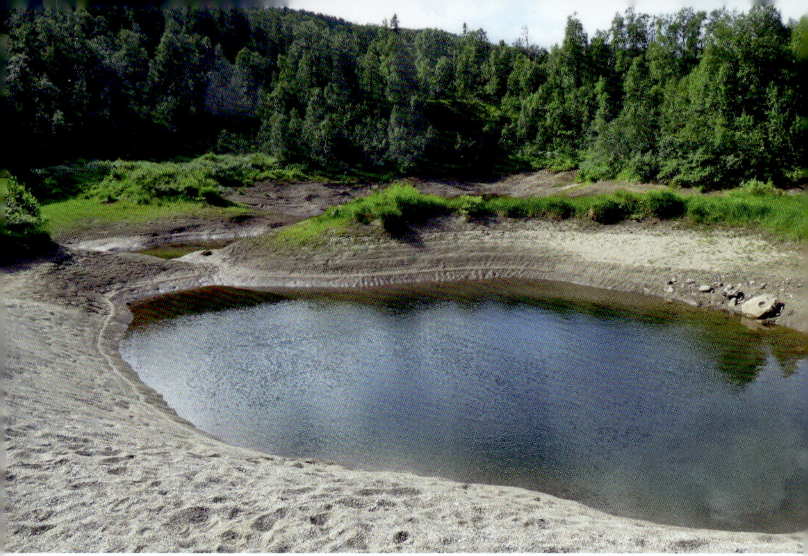

Dolinensee

Eine kurze Strecke weiter erreichen Sie die Dolinenseen. Hier liegen drei große, wassergefüllte Dolinen, die von Sanddünen umgeben sind, deren Material das strömende Wasser aufgehäuft hat. Je nach Wasserstand bildet sich entweder nur ein größerer See oder es entstehen zwei bis drei voneinander getrennte Dolinenseen. Eine breite Abflussrinne entwässert bei hohem Wasserstand die Seen, liegt aber ansonsten trocken.

Bei gutem Wetter laden die Sanddünen zu einer Rast ein. Legt man sich in den warmen Sand, stellt sich bald ein regelrechtes „Strandfeeling“ ein.

Dahinter zwängt sich der enge Pfad weiter durch das dichte Gebüsch in Richtung des „blinden Tales“. An der nächsten Weggabelung halten Sie sich rechts und erreichen nach 300 m die Felsformation des Colloseums. Den Namen verdankt das Gebiet dem Wissenschaftler Svenonius, der gegen Ende des 19. Jahrhunderts die Geologie des Bjurälven studierte und den die Landschaftsform an das Amphitheater in Rom erinnerte. Hier liegt der Eingang zur Höhle Sevonius grotta.

Dahinter öffnet sich der Blick über das grüne Blinda dalen. Der Name kommt daher, dass das Tal sich hier nicht fortsetzt, sondern blind endet. Wenn Sie hier noch weitergehen, passieren Sie in dem zunächst ausgetrockneten Bachbett bachaufwärts mehrere Schlucklöcher, in denen das Wasser des Bjurälven verschwindet.

Je höher Sie kommen, desto mehr Wasser führt der Bach wieder. Schließlich erreichen Sie das Ende der Wanderroute, die Höhle Bjurälvsgrottan. Sie besteht aus einem großen Schluckloch und steht fast immer runter Wasser.

Das verschwundene Wasser des Bjurälven tritt in den Dolinenseen wieder an die Oberfläche.

301 Seitenweg zum **Ankarvattnet**. Nach 3,5 km erreichen Sie Lia Ranch.

Lia Ranch, Ankarvattnet 227, 833 99 Stora Blåsjön, 070/621 59 28, liaranch@gmail.com, liaranch.com, Hauptsaison 1. Juni-31. September, Stellplatz ohne Strom SEK 200, mit Strom SEK 240, Hütten ab SEK 400 pro Nacht. Lia Ranch ist ein schön am Seeufer gelegener Bauernhof mit Tierhaltung, der Camping und Unterkünfte anbietet.

kleiner Kiosk für Eis, Süßigkeiten, Fischereizubehör, in der Hauptsaison (1. Juni-31.September) täglich 19:30-20:00

Am Platz kann man Boote ausleihen, um angeln zu gehen. Der See Ankarvattnet ist reich an Edelfischen wie z. B. Öring und Röding. Die für das Angeln notwendige Fiskekort können Sie hier kaufen. Preisliste: Boot SEK 200 pro Tag, SEK 1.000 pro Woche, Boot mit Motor und Benzin SEK 400 pro Tag, SEK 2.000 pro Woche, Kanu SEK 200 pro Tag

In der Umgebung gibt es Wandermöglichkeiten. Im Herbst gibt es Gelegenheit, Pfifferlinge und Multbeeren zu pflücken.

Auf dem weiteren Weg in Richtung Gäddede gelangen Sie direkt hinter der Abzweigung nach Ankarvattnet zum Parkplatz des Weges zur Korallgrottan.

Wandertipp: Wanderung zur Korallgrottan

6,8 km, 2 Std. 30 Min., ↑ ↓ 179 m/179 m, ⇧ 410-510 m, beschildert, ↓ 500 m vom Höhleneingang entfernt Hubschrauberlandeplatz für Notfälle, *Karte 6, Seite 77*

Der kostenfreie Parkplatz am Vildmarksvägen ist der Ausgangspunkt für eine Wanderung zur Karsthöhle „Korallgrottan“. Von hier aus kann man nach einer ca. 3 km langen, leichten Wanderung den Eingang zu dieser Höhle erreichen. Das Betreten ist nur im Rahmen einer Tour erlaubt.

Die Wanderung führt vom Parkplatz, an dem sich auch eine Trockentoilette befindet, aus auf beschildertem Pfad durch Mischwald mit einer artenreichen Flora, der immer häufiger von weiten, freien Wollgraswiesen abgelöst wird, die Ausblicke ins Fjäll bieten. Häufig findet man Sonnentau am Weg, der in dem sumpfigen Untergrund gut gedeiht. Die ersten 3 km sind fast durchgehend mit Holzbohlen überstegt.

Nach 1,6 km biegen Sie bei der Weggabelung nach rechts ab, nach 2,2 km bei der nächsten nach links. Beide Weggabelungen sind hauptsächlich für den Verlauf der Winterwege beschildert, das Abbiegen stellt kein Problem dar, der Sommerweg ist der einzige gut sichtbare Pfad.

Nach der zweiten Abzweigung taucht der Pfad wieder in dichten Wald ein und steigt leicht an, bis er eine Lichtung im Wald erreicht, an der eine kraterartige Vertiefung im Gelände, die durch den Einsturz einer Höhlendecke entstanden ist, den Eingang zur Höhle bildet. Ein Wasserfall stürzt hier über die Felsen in die Tiefe und verschwindet am Höhlenboden. Eine ⩚ Sitzgruppe mit Tisch und Bänken lädt zur Rast ein. Auf einer Holztreppe können Sie in die Höhle hinabsteigen.

Höhleneingang

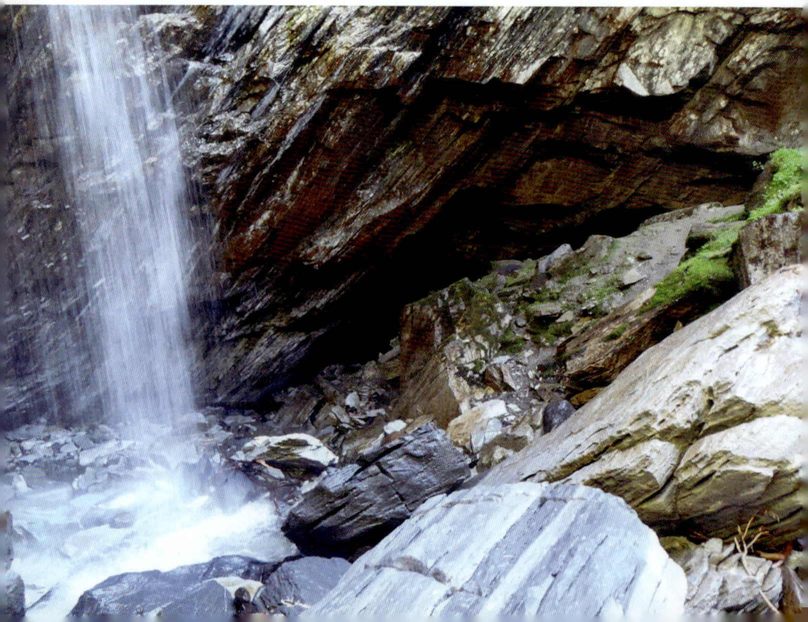

Die Korallgrottan ist eine Karsthöhle, die erst 1985 entdeckt wurde und mit einer Gesamtlänge von ca. 6 km mittlerweile die Lummelundagrottan auf Gotland als Schwedens längste Höhle abgelöst hat. Viele verschachtelte Gänge aus unterschiedlichen Höhen bilden ein komplexes Höhlensystem mit Hallen und schmalen Durchgängen.

Der Haupteingang zur Höhle, die noch weitere Eingänge hat, befindet sich in der näheren Umgebung. Ein Eisengitter versperrt diesen Zugang, nur mit einer geführten Tour ist es möglich, die Korallgrottan zu betreten.

Ein Stück weiter steht eine Hütte des Länsstyrelsen, in der die Teilnehmenden der Höhlentouren ihre Ausrüstung anlegen können. Hier befindet sich auch eine Trockentoilette. Ein Nottelefon ermöglicht Notrufe bei Unfällen, ein Hubschrauberlandeplatz 500 m weiter sichert Bergungen.

Dann beginnt für die Höhlenforscherinnen und Höhlenforscher das große Abenteuer, alle anderen laufen nach einer Rastpause den gleichen Weg zurück.

Das Betreten der Höhle ist nur mit einem erfahrenen Guide im Rahmen geführter Touren erlaubt.

♦ Frostviken Adventure AB bietet mittwochs und samstags geführte Touren an, (Buchung) Jonna 076/344 85 79, John 076/102 41 85, info@frostvikenadventure.com, https://frostvikenadventure.com, Preis für eine Tagestour: Erwachsene SEK 1.295, Kinder von 10-15 Jahre SEK 995, Kinder unter 10 Jahren dürfen aus Sicherheitsgründen nicht teilnehmen. Im Preis inbegriffen sind: Guide, Kaffeepause, Lunch und Ausrüstung.

Die Höhlentour beginnt am Haupteingang in einer geräumigen Höhle, in der, wie im gesamten Höhlensystem, eine Temperatur von ca. 4° C herrscht. Der weitere Weg wird zum Teil aufrecht, zum Teil aber auch kriechend zurückgelegt, je nach Höhe der Gänge.

Die typischen Gesteinsformationen einer Karsthöhle erscheinen immer wieder. Stalaktiten, Stalagmiten oder pfannkuchenartige Ablagerungen bilden fantastische Ausschmückungen, die den dunklen Gängen ein märchenhaftes Aussehen verleihen.

Alle diese Erscheinungen entstehen durch kalkhaltiges Wasser, das von den Wänden oder der Decke herabtropft und dabei eine sehr geringe Menge Kalk ablagert. Von der Höhlendecke herabhängende eiszapfenartige Ablagerungen bezeichnet man als Stalaktiten, wachsen sie vom Boden aus in die Höhe, nennt man sie Stalagmiten. Die Buchstaben T (hängt herab) und M (Spitzen nach oben) erleichtern es, sich die Bezeichnungen zu merken.

Die Tour endet an einem anderen Eingang als dem, durch den man eingestiegen ist, und zwar am Boden der kraterförmigen Vertiefung. Zum Schluss gibt es ein spezielles Vergnügen. Unter dem Wasserfall kann die Schutzkleidung grob gereinigt werden. Die ganze Tour hat eine Gesamtlänge von ca. 400-500 m und dauert etwa zwei Stunden.

Zurück auf dem Vildmarksvägen folgen Sie ihm weiter in Richtung Gäddede.

309 Abzweig einer ↳ 9 km langen Seitenstraße nach Ankarede. Die einspurige Straße mit Ausweichstellen ist asphaltiert.

Ankarede

Infotafeln am Eingang informieren über die Geschichte des Ortes.

Es gibt Stellplätze auf dem großen, gekiesten und gebührenfreien Parkplatz vor der Kirchstadt. Sechs davon haben Elektroanschluss. Im Ankarede Café kann man buchen, es ist nur Barzahlung möglich. Bei der Buchung erhält man den Zugangscode für die Duschen und Toiletten der Sanitäranlagen. Auch über 070/260 63 44 kann man bis 20:00 buchen. Stellplatzpreise: Mit Stromanschluss SEK 200, ohne SEK 150. Duschen kostet zusätzlich SEK 10, Entsorgung von Chemietoiletten ist möglich, ganzjährig

Ankarede Café, Ankarede 140, 833 99 Stora Blåsjön, zwischen Mittsommer und dem 1. September Mi-So 11:00-17:00. Es werden kleine Gerichte, Getränke und Souvenirs angeboten.

⌘ Ankarede ist neben Fatmomakke die zweite Kirchstadt am Vildmarksvägen und die einzige dieser Art, die in Jämtland erhalten geblieben ist. Der Ort lag günstig an den Zugwegen der Rentierherden, sodass man im Frühsommer, wenn die Tiere ins Gebirge zogen, und im Herbst, wenn die Rückwanderung erfolgte, hier vorbeikam. 1785 entstand die erste Kapelle.

Saminnen und Samen und schwedische Ortsansässige kamen und kommen an regelmäßigen Terminen zu Gottesdiensten oder anderen gesellschaftlichen Ereignissen zusammen. Besonders beliebt ist die Mittsommerfeier. Die heutige ✞ Kirche hat eine durch die samische Kultur geprägte Inneneinrichtung. Der Altarring ist z. B. mit Rentierfellen verkleidet und die an Stangen befestigten Sammelbehälter für die Kollekte erinnern an die traditionellen samische Kopfbedeckungen. Den Schlüssel zur Kirche erhält man in dem Café.

Die Kirchstadt gliedert sich in zwei Teile. Um die Kirche herum stehen mehrere Übernachtungshütten, die ursprünglich von den Nybyggaren errichtet wurden. Ein Stück weiter stehen die samische Kotas zwischen den Birken. Hier gibt es auch ein Versammlungshaus der sameförening, eines Verbunds der hiesigen Saminnen und Samen, dessen Form einer achteckigen Kota nachempfunden ist. Beachten Sie bitte, dass nicht alle Kotas betreten werden dürfen.

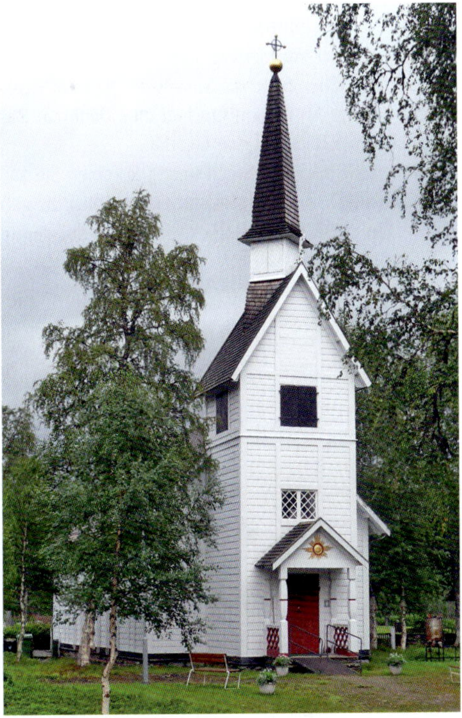

Kirche in Ankarede

⌘ 2021 wurde von der Frostviken-Hotagens sameförening ein Museum eröffnet, das Ausstellungen über die Kultur der Samen mit Bildern, Filmen und Gegenständen bietet.

bisher sechs Wochen lang ab Mittsommer, Eintritt frei

Wandertipp: Wanderung zum Lejarfallet

6,8 km, 2 Std., ↑ ↓ 80 m/80 m, ⇧ 420-470 m, beschildert,
☞ Karte 6, Seite 77

Am Ende der Samensiedlung überqueren Sie auf einer Brücke den Ankarälven, biegen danach links ab und folgen dann dem Pfad entlang des kleinen Sees, den der Lejarälven hier bildet.

Nach 600 m führt Sie eine weitere Brücke über eine Ausbuchtung des Sees. Danach folgt der Wanderweg stets dem Verlauf des Flusses. Nach gut 3 km sehen Sie auf der rechten Seite die Stromschnellen des Flusses, der an dieser Stelle nach Osten abbiegt. An diesem Ort lädt eine Bank zur Rast ein. Von hier aus hat man einen schönen Blick auf den Lejarfall.

Gehen Sie noch ein Stück weiter, kommen Sie an einen ⩩ Rastplatz mit Trockentoilette. Dort zweigt rechts ein deutlich ausgetretener Pfad ab, der direkt zum Wasserfall führt. Der Rückweg erfolgt auf dem gleichen Weg.

Aussichtspunkt am Wasserfall

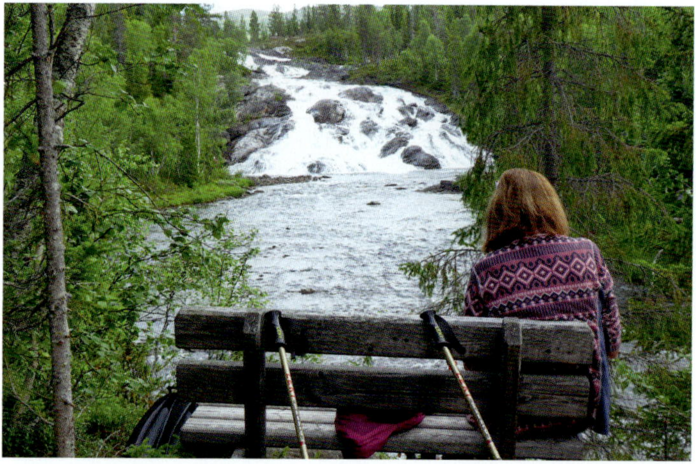

311 Sie haben Stora Blåsjön erreicht.

Stora Blåsjön

Camp Stora Blåsjön, Stora Blåsjön 240, 833 99 Stora Blåsjön, ☎ 06 72/211 11, info@storablasjon.se, storablasjon.se, ganzjährig. Der Campingplatz am Seeufer direkt an der Straße hat 40 Stellplätze für Wohnmobile oder Wohnwagen sowie Unterkünfte in fünf Hütten. Stellplatz mit Strom ab SEK 325, Hütten ab SEK 1.250. Auch Service bezüglich Wasserversorgung und Abwasserentsorgung wird angeboten. Im Servicehaus befindet sich ein Verkauf von Eis, Süßigkeiten, Tunnbröd und Fisch aus der Region.

Seit 2022 wird auch ein Brötchenservice angeboten. Vier Stellplätze bieten einen hervorragenden Panoramablick über den See, sind aber auch schnell ausgebucht. Es gibt einen Bootsverleih.

Blåsjöns Fjällcamp, Stora Blåsjön 600, 833 99 Stora Blåsjön, 070/684 16 09, inger@fjallcamp.se, https://fjallcamp.se, Übernachtung in Hütten ab SEK 470. Verkauf der Fiskekort für die Umgebung, Ruderbootverleih SEK 220 pro Tag

♦ Hotell Stora Blåsjön, Stora Blåsjön 555, 833 99 Stora Blåsjön, 06 72/210 10, info@hotellstorra blasjon.se. info@hotellstorablasjon.se. Das kleine, ansprechend modern eingerichtete Hotel verfügt über einen Pub mit vollen Ausschankrechten und eine Boutique. Halbpension wird angeboten, Doppelzimmer ab SEK 1.600 pro Nacht

Fjällripan restaurangen i Stora Blåsjön, 833 99 Stora Blåsjön, 06 72/211 99. www.argakocken.se, Do-Sa für Abendessen, Buchung ist erforderlich

Direkt neben dem Campingplatz gibt es einen kleinen Supermarkt (ICA-butik).

Wandermöglichkeit: Wanderung auf den Mesklumpen

Karte 6, Seite 77

Gehen Sie vom Parkplatz am ICA ca. 350 m auf der Straße nach Norwegen, biegen Sie dann rechts ab und folgen Sie der Scooterspur, bis sie sich nach etwa 2,5 km teilt. Von da aus steigen Sie über die Skihänge frei bis zum Gipfel.

An der Toppstuga dort finden Sie an einem blauen Wegkreuz auch einen Stempel für ein Gipfelbuch.

317 Ein Schild am Vildmarksvägen weist auf den Wasserfall **Brakkåfallet** hin. Rechts der Straße befinden sich Parkplätze.
Von dort aus führt ein schmaler Pfad zu den Wasserfällen. Nach einer kurzen Strecke verzweigt sich der Pfad. Rechts geht es zum Nedre Fallet, dem imposanteren der beiden Wasserfälle. Der Bach stürzt hier in einem Canyon in die Tiefe. Flache Steine im Bachbett machen es möglich, an heißen Tagen barfuß bis zu dem Wasserfall zu laufen, einer exklusiven Badestelle. Gehen Sie an der Verzweigung geradeaus, gelangen Sie nach ca. 300 m Aufstieg zum Övre Fallet, dem oberen Wasserfall.
Der Wasserfall ist auch durch den Film „Dunderklumpen“ bekannt (Strömsunds Hembygdsgård).

325 Sie kommen zur Abzweigung nach Jormlien.

Jormlien

Jormliens Fjällgård, Jormlien 320, 833 98 Gäddede, ☏ 06 72/201 90, fjallgarden@telia.com, http://www.jormlien.com, liegt ca. 3 km weiter. Jormliens Fjällgård ist eine Pension mit 17 Zimmern. Die Toiletten befinden sich auf den Gängen, Dusche und Sauna findet man im Keller. Übernachtung im Doppelzimmer ab SEK 480 pro Person und Tag mit Halbpension. Zur Pension gehört ein Restaurant mit allen Ausschankrechten.

Die Unterkunft eignet sich als Basis für Fjällwanderungen und Angeltouren in den Fischgewässern der Umgebung. Die Berechtigung für Letzteres, die Fiskekort, wird für das Jormvattnet verkauft.

Wandermöglichkeit: Wanderung auf den Jormliklumpen

☞ *Karte 6, Seite 77*

Stellen Sie Ihren Wagen auf dem gebührenfreien Parkplatz am Ende der Straße nach Jormlien ab. Von dort aus sind es 3 km bis auf den Gipfel des Jormliklumpen, der auf 753 m Höhe liegt. Der Pfad ist beschildert und führt zunächst über mooriges Gebiet hinauf ins Kalfjäll. Auf dem Gipfel haben Sie eine fantastische Fernsicht.

Der Rückweg kann entweder auf dem gleichen Weg erfolgen oder Sie steigen über den Wanderpfad ab, der direkt nach Jormlien führt. Er führt durch blumenreichen Birkenwald, ist 1 km kürzer, aber im letzten Teil wesentlich steiler. Zusätzlich müssen Sie dann über die Straße zurück zu Ihrem Wagen laufen.

327 Jormvattnet bietet Möglichkeiten zum Reiten und Angeln.

Jormvattnet

Jormvattnets Fiskecamp, Jormvattnet 885, 833 98 Gäddede, ☏ 06 72/201 00, info@jormvattnetsfiskecamp.se, https://jormvattnetsfiskecamp.se, ganzjährig geöffnet. Der Campingplatz liegt direkt am See Lill-Jormund und verfügt über 19 Stellplätze mit Stromanschluss sowie Möglichkeit zum Zelten und ein Angebot an Übernachtungsmöglichkeiten in verschieden großen Hütten, Hütten SEK 600-1.000 pro Nacht, Stellplatz mit Stromanschluss ab SEK 280, Zeltplatz ab SEK 150 pro Person, SEK 280 pro Familie. Verkauf von der Fiskekort für das Gebiet Jormvattnets fiskevårdområde

Korpens Öga/Rid i Jorm, Jormvattnet 680, 830 90 Gäddede, 072/067 22 55 oder 070/668 00 68, ridijorm@gmail.com, korpensoga.com oder ridijorm.se, acht Doppelzimmer mit Dusche und WC, ein Vierbettzimmer mit kleiner Küche, Dusche und WC, Preis ab SEK 500 pro Person und Nacht inkl. Frühstück, ein über dem Dorf gelegenes Hotel mit Reitangebot. Das Äußere erinnert noch an die Stallungen, die hierfür umgebaut wurden, im Inneren ist das Hotel ansprechend rustikal ausgebaut. Zu der Hotelanlage gehört auch eine kleine Kapelle und seit kurzer Zeit auch eine hauseigene Brauerei. Reitangebote: Alle Touren werden mit Islandponys in freiem Gelände durchgeführt. Bei Rastpausen werden die Speisen auf offenem Feuer zubereitet. Halbtagstour im Fjäll mit Kaffeerast an einem Teich SEK 900 (keine Reiterfahrung nötig), Ganztagstour im Fjäll mit Lunchpause SEK 1.600 (verschiedene Gangarten werden ausprobiert, keine Vorerfahrung nötig, aber Kondition für ca. sechs Stunden im Sattel), Zweitagestour SEK 5.500, Dreitagestour SEK 8.000, Fünftagestour SEK 11.000. Die Abschlussessen finden in dem urigen Speisesaalgebäude Korpens Öga statt.

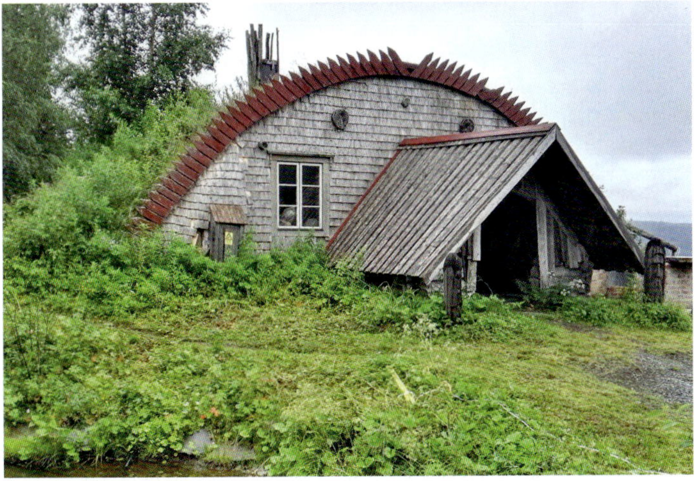

Korpens Öga

Der Name „Korpens Öga“ (=das Auge des Raben) stammt aus einer alten Sage, in der das Schicksal des vorzeitlichen Jägers Uhrd und sein Zusammentreffen mit dem Raben Herm geschildert wird.

Wandertipp: Wanderweg zum Kvarntjärnen

7,2 km, 2-3 Std, 224 m/224 m, 430-600 m, beschildert,
Karte 6, Seite 77

Eine Wanderung, bei der man die Einsamkeit eines Fjällsees tief in den Wäldern erleben kann. Man sollte dabei nasse Füße nicht scheuen und entsprechend wasserdichtes Schuhwerk tragen.

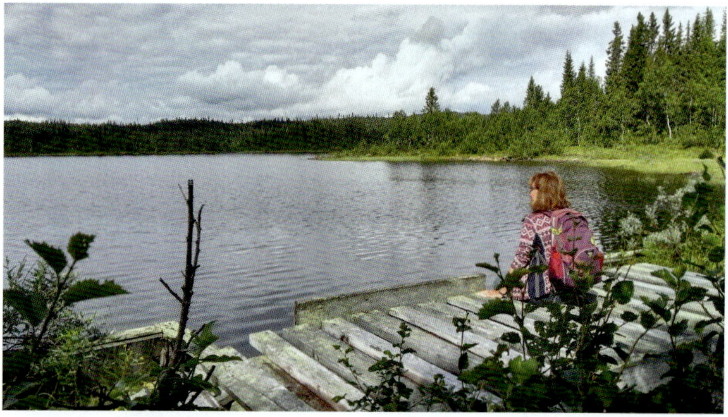

Rastplatz am See

Vom gebührenfreien Parkplatz Grönplätten in Övre Jormvattnet bei Rid i Jorm aus folgen Sie der Beschilderung zum Kvarntjärnen. Auf einem breiten Traktorweg steigen Sie durch Mischwald auf die Höhe auf. Streckenweise begleitet ein plätschernder Bach den Weg. Außer gelegentlichen Vogelstimmen hören Sie sonst keine Geräusche mehr. Nach ca. 1,5 km liegt rechts am Weg eine „kallkälla", eine beschilderte Quelle, an der auch Trinkbecher zu finden sind. Eine kleine Sitzgruppe bietet die Möglichkeit zu einer Rast.

Kurz dahinter weist rechter Hand ein Schild auf einen Weg zum Långtjärnen, einem weiteren See, hin, dem Sie aber nicht folgen sollten, denn es beschildert nur den im Sommer nicht gangbaren Winterweg.

Bleiben Sie auf dem Traktorweg, der über die Höhe führt und sich auf der anderen Seite nach unten fortsetzt. Auf der Höhe zweigt ein schlecht ausgeschilderter Pfad zum Klumplidklumpen ab. Immer mehr Lichtungen erweitern das Blickfeld. Die umliegenden Fjälls werden wieder sichtbar.

In einer Senke schimmert auf der linken Seite der Kvarntjärnen bereits durch die Bäume. Mit etwas Glück kann man hier Kraniche sehen.

Der Weg wird immer feuchter, je tiefer es hinabgeht. An manchen Stellen überbrücken grobe Hölzer den schlimmsten Schlamm. An einer Wegkreuzung führt ein Pfad zum Holmtjärnen. Auch dieser ist im Sommer nicht begehbar. Kurz danach liegen links am Wegrand große, helle Steine, hinter denen links eine Traktorspur ins Gelände in Richtung des Kvarntjärnen führt. Folgen Sie dieser Spur, die je nach Wettersituation mehr oder weniger sumpfig sein kann, Sie aber bis an den Ausfluss des Fjällsees führt, der dort über einen kleinen Wasserfall abfließt.

Die breite Holzbrücke an dieser Stelle eignet sich zur Rast. Hier sind Sie nun tief in der stillen Welt der einsamen Wälder, spüren die Ruhe des Landes und können, sofern Sie sich eine Fiskekort besorgt haben, Ihr Angelglück ausprobieren.

Weitere Wandermöglichkeiten:

☞ *Karte 6, Seite 77*

Wanderung zum Klumplidklumpen

Von Rid i Jorm aus können Sie auch auf den ca. 4 km entfernten und 820 m hohen Klumplidklumpen steigen. Gehen Sie den Weg zum Kvarntjärnen bis zur Abzweigung auf der Höhe und folgen Sie dort dann dem Wanderpfad auf den Gipfel, auf dem sich auch eine Schutzhütte befindet. Der Pfad ist wenig begangen.

348 Hier führt ↳ eine 19 km lange Straße, die bis auf die ersten 2 km Kiesbelag hat, zur **Vikens Kapell**, einer schön am See Kvanbergsvattnet gelegenen Kapelle.

✞ 1799 wurde hier die erste Kapelle von den Nybyggaren erbaut und ein Friedhof für die kleine Gemeinde angelegt. Die Kapelle ist von dem norwegischen Baumeister Enar Pehrsson aus Holz erbaut, vermutlich nach dem Vorbild einer norwegischen Kirche.

Heute wird die Kirche für Hochzeiten, Taufen, Christmette und der traditionell am ersten Wochenende im August stattfindenden vikenmässa genutzt.

Zurück auf dem Vildmarksvägen erreichen Sie bald Gäddede

355 Gäddede ist ein zentraler Ort an einer Straßenkreuzung im Gebirge. Der Vildmarksvägen führt über die 342 nach Strömsund und in der anderen

Richtung hinauf zum Stekenjokk-Plateau. Über die 74 gelangt man hinüber nach Norwegen zur E 6, die kurz vor Grong erreicht wird.

Der Name Gäddede bezieht sich auf die Wörter „Gädda“ (= Hecht) und „ed“ (= Passage) und deutet auf den Hechtreichtum der umliegenden Gewässer hin.

Gäddede liegt am Kvarnbergsvattnet. Hier beginnt das Gewässersystem Ströms Vattudal, das sich bis Strömsund erstreckt. Der Ort verfügt über eine Reihe von infrastrukturellen Einrichtungen wie z. B. Tankstelle, Gesundheitszentrum, Restaurants, Hotels, Campingplatz und Geschäfte.

Gäddede

Touristenbüro, Storgatan 40, 833 98 Gäddede, ☏ 06 72/105 00, gaddede.turistbyro@stromsund.se, https://www.stromsund.se/181.html, Mo-Fr 9:00-12:00 und 13:00-16:00. Im Touristenbüro befindet sich das sehenswerte Frostviken Naturum. Es informiert über die Flora und Fauna der Region und präsentiert die zahlreichen Tier- und Pflanzenarten, die hier einen Platz gefunden haben. Daneben wird die samische Rentierzucht beschrieben. Auch wenn es nicht sehr groß ist, lohnt sich der Besuch sowohl für Erwachsene als auch für Kinder.

Gäddede Camping & Stugby AB, Sagavägen 9, 833 98 Gäddede, ☏ 06 72/100 35, info@gaddedecamping.com, https://www.gaddedecamping.com, ganzjährig, Stellplätze auf dem Campingplatz ab SEK 170, Hütten ab SEK 700. Auf dem Platz gibt es ein kleines Restaurant mit Ausschankrechten, das einfache Gerichte anbietet, Der Campingplatz liegt schön am Wasser. Kanus und Ruderboote werden zur Ausleihe für SEK 200 pro Tag angeboten. Die Gewässer bieten gute Angelmöglichkeiten. Das Ortszentrum mit Geschäften, Tankstelle, Touristenbüro und Naturum ist schnell zu Fuß erreichbar.

Pilgrimshotellet, Hotellplan 2, 833 61 Gäddede, ☏ 06 72/104 20, info@pilgrimshotellet.se, https://www.pilgrimshotellet.se, Übernachtung im Doppelzimmer mit Frühstück SEK 1.580. Das Hotel verfügt über ein Restaurant.

Café Tjeedtege, Kyrkvägen 6, 833 61 Gäddede, 070/650 07 66, Mo-Sa 9:00-16:00, weitere Informationen finden Sie auf Facebook unter https://m.facebook.com/profile.php?id=100078718962570. Seit 2022 gibt es das kleine Café Tjeedtege in Gäddede, das auch eine Boutique umfasst, in der samische Produkte (Wildfleischprodukte, Kunsthandwerk) angeboten werden. Der Name ist die samische Bezeichnung für Gäddede.

Der Fjällpark daneben zeigt die verschiedensten Gewächse des Fjälls in ihren Lebensräumen.

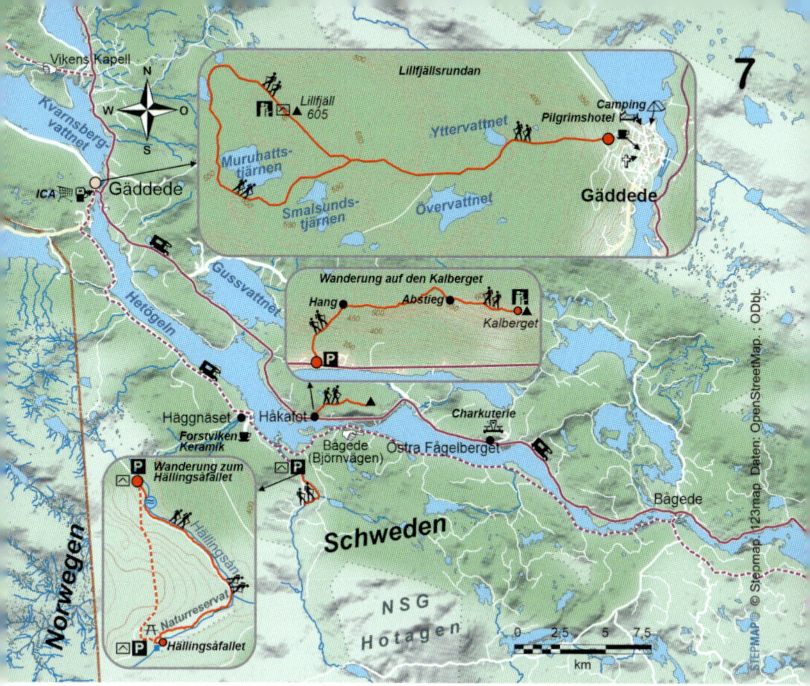

Wandermöglichkeit: Lillfjällsrundan

☞ *Karte 7, oben*

Der 14 km lange Wanderweg beginnt an der elektrisch beleuchteten Langlaufspur und führt am Yttervattnet vorbei in Richtung Övervattnet. Bei km 2,8 zweigt ein Pfad nach links ab, gehen Sie geradeaus weiter, bis Sie bei km 3,8 auf eine Wegverzweigung stoßen.

Folgen Sie dem rechten Pfad, der Sie bis auf den Gipfel des Lillfjäll bringt.

Dort befindet sich eine Rasthütte. Von hier oben aus können Sie weit über die norwegischen Fjälls blicken.

Der Abstieg auf der anderen Seite des Fjälls führt in einem großen Bogen zum Muruhattjärnen, in dessen Nähe eine weitere Rasthütte liegt.

Von dort aus führt der Pfad zurück zu der Weggabelung, an der Sie den rechten Abzweig gewählt hatten.

Nun geht es auf dem gleichen Weg, den Sie von Gäddede aus gekommen sind, zurück.

Seitenweg zum Hällingsåfallet

Dieser Abstecher bringt Sie zu einem weiteren Highlight des Vildmarksvägen, dem Hällingsåfallet, einem der besonderen Wasserfälle auf dieser Runde.

0 **Gäddede**

Folgen Sie in Gäddede an der Kreuzung in der Ortsmitte der Beschilderung „Hällingsåfallet" in Richtung der norwegischen Grenze.

3 Biegen Sie links in die Abzweigung in Richtung Hällingsåfallet ein. Die asphaltierte Straße wird nun von einer Straße mit Kiesbelag abgelöst, die sich aber gut fahren lässt.

18 Häggnäset liegt vor Ihnen.

Häggnäset

Frostviken Keramik, Häggnäset 245, 833 98 Gäddede, 072/733 16 03, frostvikenkeramik@gmail.com, www.facebook.com/frostvikenkeramik. In Häggnäset befindet sich die Keramikwerkstatt Frostviken Keramik, in der Gebrauchsgegenstände und Skulpturen aus Steingut hergestellt werden. Im Sommer gibt es im Garten eine Caféecke mit Selbstbedienung, 12:00-16:00.

Hinter Häggnäset wird der Straßenbelag schlechter. Der Kiesbelag ist rutschig, Schlaglöcher und Wellblechstrukturen im Belag rütteln die Fahrzeuge durch.

20 Rechts zweigt der Weg zum Hällingsåfallet ab.

23 **Rastplatz Hällarna** P

Eine begrenzte Anzahl von Parkplätzen steht hier zur Verfügung, außerdem ein Windschutz, eine Trockentoilette und eine Picknickstelle. Wenn Sie hier parken, können Sie über einen ca. 2,8 km langen, teilweise steilen Wanderpfad entlang des beeindruckenden Canyons des Hällinsgån den Hällingsåfallet erreichen.

Wandertipp: Wanderweg zum Hällingsåfallet

5,6 km, 2 Std., ↑ ↓ 93 m/93 m, ⇧ 350-412 m,
beschildert und markiert, Karte 7, Seite 97

Dieser Wanderweg stellt eine lohnende Alternative zur Autofahrt zum Hällingsåfallet dar, da er am Fluss entlang über den spektakulären Canyon bis zu dem Wasserfall führt.

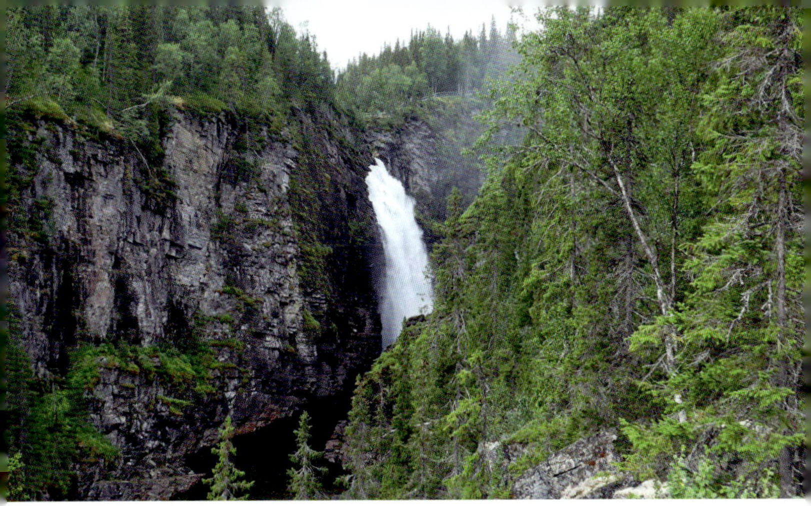

Wasserfall im Canyon

Folgen Sie dem beschilderten, schmalen Wanderpfad am Parkplatz. Der Pfad führt zum Hällingsån, dessen Verlauf er folgt. Kurz nach Beginn kreuzt ein kleiner Bach den Pfad, der gewatet werden muss. Die Watstelle ist jedoch bei normaler Wasserführung leicht.

☺ Sie können sie umgehen, wenn Sie an dem Bach entlang hoch zur Straße laufen, den Bach auf der Brücke dort queren und dann wieder zurück zum Wanderpfad gehen.

Warnschilder weisen darauf hin, dass der Pfad bei feuchter Wetterlage wegen der vielen Baumwurzeln bisweilen rutschig sein kann. Stellenweise ist er mit Bohlen belegt, um sumpfige Stellen zu überbrücken. Nach ca. 2 km erreichen Sie den Beginn des Naturreservates. Schilder erklären in Deutsch, Englisch und Schwedisch die Bedeutung und Besonderheiten des Reservates.

Sie stehen hier am Eingang des eindrucksvollen Canyons, den der Fluss im Laufe der Zeit in den Fels gegraben hat.

Noch einmal weisen Warnschilder auf die Rutschgefahr hin, diesmal auf den glatten Felsen des Aufstiegs. Der Pfad führt nun steil über die Felsen nach oben.

Bleiben Sie auf dem Weg und versuchen Sie nicht, auf eigene Faust an die Abbruchkante zu gelangen. Es besteht die Gefahr von Felsabbrüchen.

Weiter oben ist die Abbruchkante gesichert und Sie haben spektakuläre Ausblicke auf den Canyon und den Wasserfall, den Sie bald erreichen. Im letzten Wegabschnitt gibt es viele Bohlenwege, die das Wandern erleichtern.

☺ Direkt am Parkplatz des Wasserfalls informieren Sie große Schautafeln über das Naturreservat Hällingsåfallet und die Regeln, die hier gelten, sowie die Entstehung des Wasserfalls mit seinem eindrucksvollen Canyon. Sie stoßen auf die Tafeln, wenn sie kurz vor dem Wasserfall rechts zum Parkplatz hin abbiegen.

Den Rückweg können Sie abkürzen, wenn Sie über die Fahrstraße zurücklaufen.

25 Fahren Sie statt der Wanderung noch 1 km weiter, gelangen Sie an den Parkplatz direkt am Wasserfall.

Hällingsåfallet

WC Am Parkplatz befindet sich auch eine Trockentoilette.

P Eine größere Parkfläche bietet Platz für viele Fahrzeuge.

Ein ca. 150 m langer, gut ausgebauter Weg bringt Sie zu der Brücke über den Hällingsån.

Picknickplätze, eine Feuerstelle, und ein Windschutz laden zur Rast ein.

WC In der Nähe gibt es eine weitere Trockentoilette.

Von der Brücke aus haben Sie einen grandiosen Blick über den Wasserfall. 40 m stürzt hier das Wasser des kleinen Flusses tosend in die Tiefe. Der Wasserfall ist in ständige Sprühnebel gehüllt. Im Sonnenschein bilden sich hier oft mehrere Regenbögen, die einen fantastischen Anblick bieten. Die hohe Luftfeuchtigkeit begünstigt an den Felswänden das Wachstum seltener Moose und Flechten, die wie ein grüner Schleier die fast lotrecht in die Tiefe fallenden Felsen überziehen.

Auf eine Länge von 800 m zieht sich im Anschluss ein tiefer Canyon dahin, den die Wassermassen geschaffen haben und in dem der Fluss nun fließt. Er gilt als Schwedens längster Canyon.

Dieser Canyon wurde vermutlich während der Eisschmelze nach der letzten Eiszeit durch abfließende Schmelzwasserströme geschaffen, nicht durch den heute sichtbaren kleinen Fluss.

Auf dem Rückweg haben Sie zwei Möglichkeiten. Entweder Sie fahren den gleichen Weg zurück nach Gäddede und setzen dort Ihre Runde auf dem Vildmarksvägen fort oder Sie biegen an der Abzweigung bei km 20,5 nach rechts ab und fahren auf der Kiesstraße weiter, um bei Bågede auf den Björnvägen (☞ Björnvägen) zu gelangen.

Dieser Weg ist wegen des schlechten Straßenzustands nicht zu empfehlen.

Wenn Sie bis Gäddede zurückgefahren sind, folgen Sie dem Vildmarksvägen weiter in Richtung Strömsund.

375 In **Håkafot** können Sie den Kalberget besteigen, auf dem Sie einen herrlichen Panoramablick über die umliegenden Fjälls haben.
In Håkafot weist ein kleines Schild auf der linken Straßenseite auf einen gebührenfreien Wanderparkplatz für den Kalberget hin. Der Platz reicht nur für zwei bis drei Fahrzeuge.

Wandertipp: Wanderung auf den Kalberget

7,4 km, 3 Std., ↑↓ 495 m/495 m, ⇧ 260-680 m, mit roten Wegkreuzen markiert, ☞ Karte 7, Seite 97

Von Parkplatz aus laufen Sie den privaten Fahrweg zu den Gebäuden oberhalb ein Stück entlang, dann zweigt rechts der Wanderpfad ab. Die Abzweigung ist an den Wegkreuzen im Wald zu erkennen, der Pfad selbst führt hier durch hohe Stauden und ist schlecht sichtbar.

Dahinter steigt er gut markiert den Hang des Berges hinauf. Sie laufen durch dichten Wald mit artenreicher Vegetation. Pilze und Heidelbeeren bedecken den Boden, lange Flechten hängen an manchen Stellen von den Bäumen herab. Schnell gewinnen Sie an Höhe.

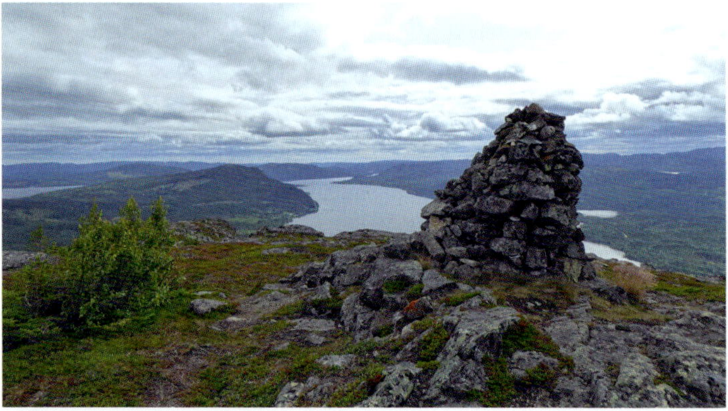

Steinpyramide auf dem Gipfel des Kalbergets

Nach knapp 1 km biegt der Weg nach rechts und führt weiter leicht ansteigend parallel zum Hang weiter. Mit der Zeit kommen Sie in felsigeres Gelände und haben die ersten Ausblicke ins Tal und hinüber zum Gipfel. Ein kleiner Abstieg führt in eine sumpfige Senke, in der Sie auf die Wegkreuze achten müssen, da hier wegen der sumpfigen Stellen mehrere Pfade getrampelt wurden.

Dahinter führt der Wanderpfad stetig nach oben, bis Sie endlich die Baumgrenze erreichen und das letzte Stück im Kalfjäll bis zu der Steinpyramide wandern, die den Gipfel markiert.

Der Blick geht von hier aus in alle Richtungen weit über das Land mit seinen Seen und Bergen.

Zurück geht es auf dem Weg, den Sie gekommen sind.

385 In Östra **Fågelberget** zweigt links eine Straße ab, die zu einem Hofladen (Gårdscharken Fågelberget) führt. Der Hofladen ist an der Straße nicht ausgeschildert, da die Betreiberin Bedenken hat, ob sie bei zu vielen Besucherinnen und Besuchern genügend Ware anbieten kann. Fahren Sie bei dem Schild „Oppiberget“ links ab und folgen Sie dem Kiesweg, bis Sie an eine Weggabelung kommen, an der nach links auf einem verblassten Schild „Charkuterie“ geschrieben steht. Biegen Sie hier links ab und fahren ein Stück den Berg hoch. Dort endet der Weg an der Charkuterie.

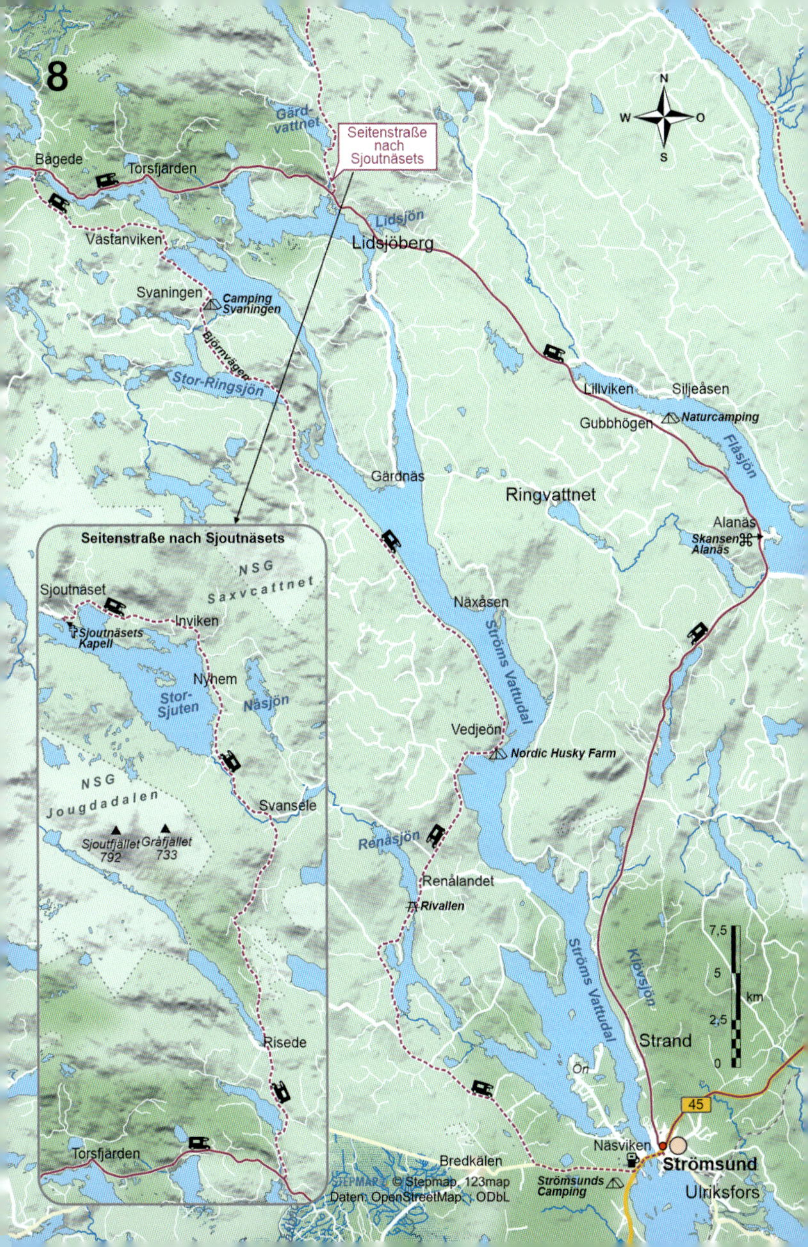
8
Seitenstraße nach Sjoutnäsets
Gärdvattnet
Bågede
Torsfjärden
Lidsjön
Lidsjöberg
Västanviken
Svaningen
Camping Svaningen
Björnvägen
Stor-Ringsjön
Lillviken
Siljeåsen
Gubbhögen
Naturcamping
Fläsjön
Gärdnäs
Ringvattnet
Alanäs
Skansen Alanäs
Näxåsen
Ströms Vattudal
Vedjeön
Nordic Husky Farm
Renåsjön
Renålandet
Rivallen
Klövsjön
Strand
Ön
45
Näsviken
Strömsund
Ulriksfors
Bredkälen
Strömsunds Camping
© Stepmap, 123map
Daten: OpenStreetMap, ODbL
7,5
5
2,5
0
km
N
O
S
W
Seitenstraße nach Sjoutnäsets
NSG Saxvcattnet
Sjoutnäset
Inviken
Sjoutnäsets Kapell
Nyhem
Stor-Sjuten
Näsjön
NSG Jougdadalen
Svansele
Sjoutfjället 792
Gråfjället 733
Risede
Torsfjärden

Fågelberget 527, Fågelberget, 072/067 85 22, weitere Informationen auf Facebook unter https://www.facebook.com/gardscharkenfagelberget, Mo-Fr 11:00-17:00, Sa und So 12:00-15:00. Hier werden Delikatessen aus lokalen Rohwaren angeboten. Räucherprodukte von Elch, Lamm, Rentier und Bär, die in der eigenen Räucherei ohne künstliche Zusatzstoffe hergestellt wurden, kann man in dem kleinen Hofladen kaufen. Der Betrieb ist zertifiziert als „Certifierat Eldrimner Mathantverk". Die Zertifizierung wird von „Eldrimner Mathantverk" verliehen und garantiert eine gute handwerkliche Qualität der Lebensmittel. Margona, die Betreiberin der Charkuterie, bietet gerne Proben ihrer Produkte zur Verkostung an. Wenn Sie bisher auch noch keinen Bären in den Wäldern beobachten konnten, hier können Sie zumindest probieren, wie geräucherte Bärenwurst schmeckt.

397 Vor Bågede zweigt rechts der Björnvägen ab, eine alternative Route nach Strömsund.

417 Vor Lidsjöberg zweigt links eine 41 km lange Seitenstraße ab, die über Svansele, Nyhem und Inviken nach Sjoutnäset führt.
Die Straße ist nicht asphaltiert, sondern hat Kiesbelag. Am See Stor-Sjouten entlang erreichen Sie Sjoutnäset.

Auf einer kleinen Landzunge am See liegt **Sjoutnäsets Kapell** (Sjoutnäset 140, Lidsjöberg). Um 1860 wurde hier die erste Kapelle erbaut, um die verstreut wohnenden Siedlerinnen und Siedler sowie Saminnen und Samen kirchlich zu betreuen. Zu Feiertagen wurde Gottesdienst gehalten, ein Friedhof bot Platz für Bestattungen.

Die Kapelle ist die jüngste und größte Kapelle im Kirchenbezirk Frostviken. Das heutige Gebäude stammt aus dem Jahr 1919. Die Außenseite ist komplett holzverkleidet. 1934 wurde das Gebäude renoviert und von dem Künstler Paul Jonze aus Frösön ausgestaltet. 225 Personen finden hier Platz.

Die Kapelle wird, da sie ungeheizt ist, hauptsächlich im Sommer am ersten Wochenende im Juli für die Sjoutnäsmässan genutzt.

Von Sjoutnäset noch 17 km weiter liegt Härbergsdalen, ein Aufenthaltsort der Rentiere züchtenden Saminnen und Samen im Herbst und Frühjahr.

Zwischen 1914 und 1935 gab es hier eine Sommerschule in einer Schulkota für die Kinder, während deren Eltern bei den Rentierherden auf den Fjälls weilten.

445 Hier liegt der Gubbhögens Naturcamping.

⚠ Gubbhögens Naturcamping, ein Naturcamping am Flåsjön, der von einer Interessengemeinschaft „Gubbhögens intresseförening“ betrieben wird, https://www.gubbhogen.com/camping, 22. Mai-4. September. Es gibt keine feste Gebühr für einen Stellplatz, bezahlt wird auf Spendenbasis in eine Spendenbox (SEK, Euro oder NOK). Die Stellplätze sind nicht parzelliert und haben keinen Stromanschluss. Es gibt zwei Trockentoiletten. Zwei kleine Übernachtungshütten mit je zwei Betten und einem Ofen werden nach dem Prinzip „wer zuerst kommt, mahlt zuerst“ belegt, SEK 100 für eine Hütte. Die Gebühren werden am Abend zwischen 21:00 und 21:30 kassiert. Eine halb überdachte Freiluftküche bietet Gelegenheit zum Kochen, der Herd muss allerdings mit Holz geheizt werden. Ein Grillplatz mit Windschutz und eine Grillkota liegen am See. Folgen Sie der Beschilderung bei Gubbhögen am Vildmarksvägen zu dem Platz am Flåsjön.

450 Sie sind in Alanäs angelangt.

Alanäs ⌘

⌘ Am rechten Straßenrand weist ein Schild auf die militärische Befestigung Skansen Alanäs hin. Ein Stück dahinter führt rechts ein Kiesweg hoch zu der Schanzenanlage. Dort können Sie parken. Informationsschilder und eine Übersichtskarte erklären die Anlage.

In der Zeit des Zweiten Weltkriegs wurden in den Jahren zwischen 1940 und 1945 eine Reihe militärischer Befestigungen entlang des Vildmarksvägen angelegt, deren Aufgabe es sein sollte, im Fall eines Angriffs der deutschen Truppen, die Norwegen besetzt hatten, den Vormarsch dieser Verbände zu stoppen.

Vier solcher Anlagen, die ausgeschildert sind, kann man heute noch besichtigen.

In Alanäs gibt es beschilderte Wege durch die Schanze mit ihren Gebäuden, Schutzbunkern, und Geschützstellungen. Die militärischen Anlagen wurden nach dem Zweiten Weltkrieg 1955 vom schwedischen Militär zugeschüttet. Erst in den letzten Jahren wurden Teile davon wieder freigelegt.

An bestimmten Tagen bieten Guides eine geführte Rundtour von ca. 1,5 Stunden an.

♦ www.skansenalanas.se, Erwachsene SEK 100, Kinder bis 12 Jahre frei

490 Strömsund

Nun sind Sie wieder am Ausgangpunkt Ihrer Rundtour angekommen.

Seitenstraßen

Drei längere Seitenstraßen, die vom Vildmarksvägen abzweigen, bieten Ihnen weitere natürliche und kulturelle Sehenswürdigkeiten. Die Landschaften, die dabei durchquert werden, sind touristisch nicht so gut erschlossen wie die des Vildmarksvägen. Mangelnde Beschilderungen zu Ausflugszielen, fehlende Parkplätze oder touristisch beworbene Angebote, die es dann nicht gibt, können vorkommen.

Die Kilometerangaben beziehen sich auf den Beginn der Abzweigung vom Vildmarksvägen.

Von Hoting nach Norråker 49 km

Diese Straße ist ein Teil des Bävervägen, an dem Biber nach ihrer Ausrottung Anfang des 20. Jahrhunderts neu angesiedelt wurden, und führt Sie hinein in die Welt der Fjälls, zu kleinen Siedlungen und in beeindruckende Naturlandschaften.

0 Kurz vor Hoting zweigt links der Bävervägen nach Norråker ab.

19 Tåsjö heißt der erste Ort auf dieser Route. Tasjö liegt an dem gleichnamigen See und verfügt über Übernachtungsmöglichkeiten, ein Freilichtmuseum und Wandermöglichkeiten. Der Name des Ortes soll einer Sage nach von einem Riesen namens Tå stammen, der die Schätze an Kupfer und Silber im Inneren des Berges bewacht.

Tåsjö

Touristische Informationen bekommen Sie im ☞ Tåsjö hembygdsgård.

Kyrktåsjö Vandrarhem, Kyrktåsjö, 833 59 Hoting, 072/578 45 89, kontakt@kapelljorden.se, https://kyrktasjo-vandrarhem.business.site oder https://www.stromsund.se/3488.html, Übernachtung für Erwachsene SEK 300, Kinder SEK 150, ein gemütliches Wandererheim in einem alten Gehöft, das bis in die Zeit um 1700 zurückgeht

Fjällsikten, Tåsjöberget 250, 830 80 Hoting, 06 71/200 50, info@laplandexplorer.se, https://www.facebook.com/fjallsikten/about, das Restaurant hat im Sommer nicht immer geöffnet, erkundigen Sie sich auf der Homepage nach den Öffnungszeiten. Fjällsikten liegt auf dem Gipfel des Tåsjöberget und ist mit dem Fahrzeug zu erreichen. Biegen Sie im Ort bei dem Hinweisschild rechts ab und folgen Sie der Beschilderung ca. 8 km bis auf die Höhle. Die letzten 4 km hat der Fahrweg einen Kiesbelag. Oben gibt es Parkmöglichkeiten.

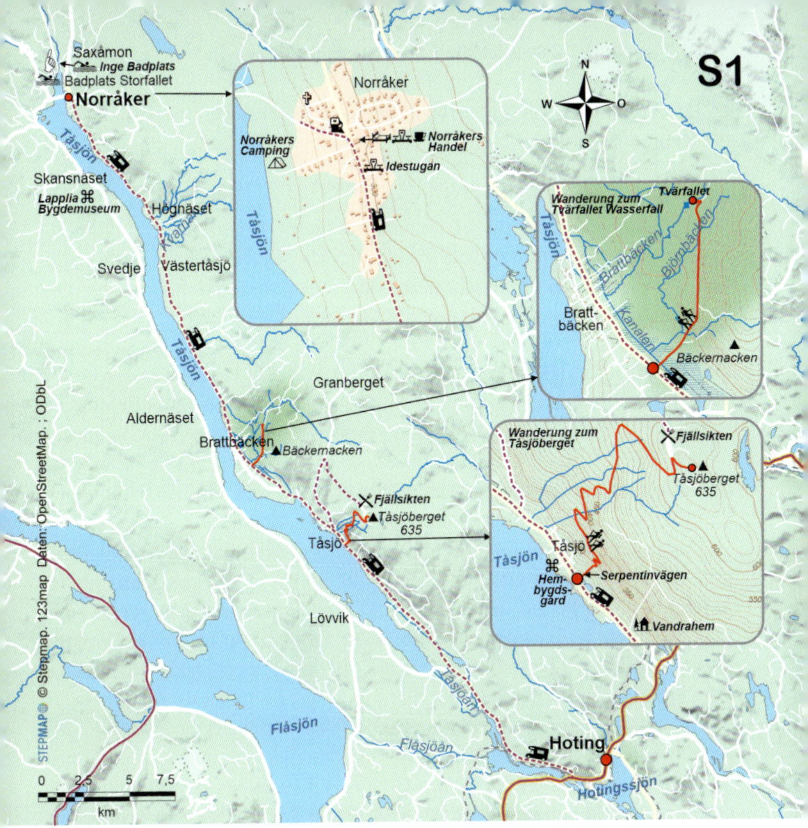

⌘ Ein kleines Freilichtmuseum in einem schön am Tåsjö gelegenen Gehöft von 1865 mit Mühle, Vorratsspeicher und Rauchsauna. Es gibt ein ☕ Sommercafé und einen Hofladen zum Verkauf eigener Produkte, wie z. B. Räucherfisch und Fladenbrot sowie handgefertigter Souvenirs.

♦ Tåsjö hembygdsgård, Kyrktåsjö 205, Hoting, ☎ 06 71/200 07, info@tasjohembygd.se, https://tasjohembygd.se, erfragen, Eintritt frei, InfoPoint

Der Tåsjöberget ist mit 635 m Höhe der höchste Berg in der historischen Provinz Ångermanland. Von ihm aus hat man einen weiten Blick über das Tal. Der Aussichtsturm in der Nähe ist wegen Baufälligkeit nicht zu besteigen.

Den Gipfel des Tåsjöberget kann man auch auf einem Fußweg, dem Serpentinvägen, erreichen.

27 Brattbäcken

Der Name des Ortes stammt von dem steilen, nördlich und westlich davon fließenden Bach, der in verschiedenen Steilstufen vom Fjäll herabstürzt. Die bekannteste davon ist der Tvärfallet.

Wandertipp: Wanderung zum Tvärfallet

5,2 km, 1 Std. 30 Min., ↑ ↓ 76 m/76 m, ⇧ 300-340 m, teilweise beschildert, *Karte S1, Seite 107*

Der Tvärfallet, ein pittoresker Wasserfall, befindet sich ca. 2,5 km entfernt von Brattbäcken und lohnt den etwas einförmigen Weg dorthin.

Das Parken stellt ein großes Problem dar, da es keinen ausgewiesenen Parkplatz an der Landstraße gibt. An der Stelle, an der ein sehr kleines Schild auf der rechten Straßenseite auf den Weg zum Wasserfall hinweist, kann zur Not ein Fahrzeug in der Wegeinmündung parken. Der Weg ist zwar fahrbar und weist in seinem Verlauf auch Parkmöglichkeiten auf, aber ein Verbotsschild verhindert die Durchfahrt.

Der größte Teil des Wanderweges verläuft auf dieser gekiesten Straße, erst nach 2,5 km, kurz vor dem Ziel, weist eine Beschilderung nach links auf einen Wanderpfad. Hier gibt es auch einen kleinen Rastplatz. Der Pfad führt durch den dichten Wald zu einer Stelle, an der man den Tvärfallet von oben betrachten kann. Auf einem steilen Pfad können Sie aber auch hinab in den Canyon bis zu dem Wasserfall steigen. Wegen der feuchten Umgebung gibt es hier viele Stechmücken.

In Beschreibungen wird seine Schönheit mit Bildern aus den Märchen-Illustrationen von John Bauer gleichgesetzt. Man kann sich ohne Probleme an dieser Stelle vorstellen, dass Trolle oder Gnome aus dem Wald erscheinen.

Der Weg zurück verläuft auf dem Hinweg.

49 Bei Norråker erreichen Sie das Ziel der Route.
Norråker ist ein kleiner Ort mit weniger als 100 Einwohnerinnen und Einwohnern mitten in einem der bärenreichsten Gebiete Schwedens.

Norråker

Norråkers Camping, Skolvägen 12, 833 91 Norråker, 072/783 02 95, http://www.norraker.se/norrakers-camping, 30. März-31. Oktober, Stellplatz mit Strom, SEK 250, ohne Strom SEK 200, Hütten ab SEK 500. Der Platz liegt ruhig und naturschön am Strand des Sees Tåsjön, hat einen Badeplatz und verfügt über acht Stellplätze und sieben Hütten.

Norråkers Handel, Norråkers Handel AB, 833 91 Norråker, Borgavägen 8, 06 71/300 02, info@norrakershandel.se, https://norrakershandel.se, Mo-Fr 10:00-18:00, Sa 10:00-14:00, Lebensmittelladen mit kleinem Café und der Möglichkeit zur Übernachtung in einer Wohnung im Stil der 50er-Jahre für bis zu fünf Personen, Übernachtung SEK 500 pro Person. Verkauf der Fiskekort für den Tåsjön. Norråkers Handel ist gewissermaßen der Treffpunkt des Ortes, dessen Einwohnerinnen und Einwohner die kleine Caféecke gerne besuchen. Hier erhalten Sie alle touristischen Informationen entweder von den Ladeninhabern oder den Gästen des Cafés aus erster Hand.

In der Idestugan wird vom Dorfentwicklungsverein Kunsthandwerk angeboten.

Der Tåsjön ist reich an verschiedenen Fischarten wie z. B. Öring oder Hecht.

Weidenröschen säumen den Weg

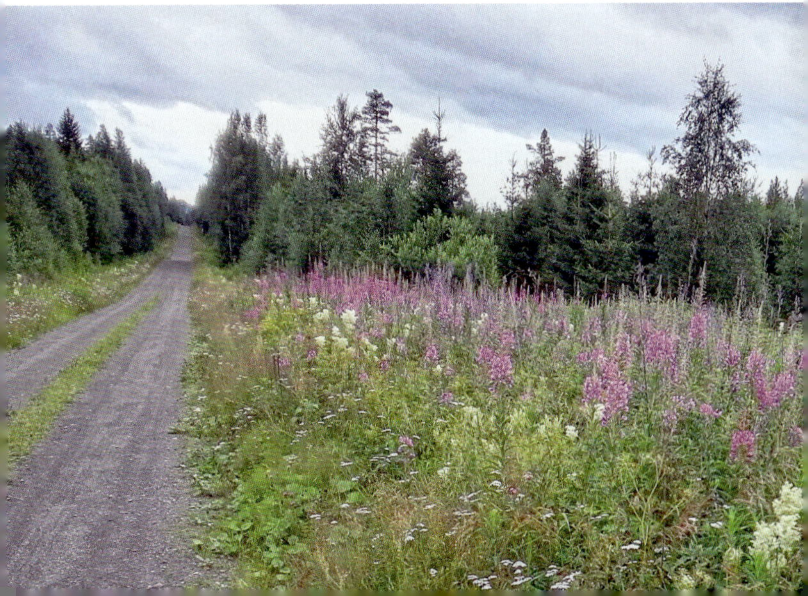

⌘ Das Museum Lapplia Bygdemuseum zeigt mehr als 20.000 Gebrauchsgegenstände von Bauernhöfen seit dem 17. Jahrhundert. Eine Backstube und eine Rauchsauna, in der auch Fleisch und Fisch geräuchert wurden, gehören zu der Anlage.

2022 war das Museum geschlossen, ob es 2023 zumindest zeitweise wieder öffnet, war noch unklar.

♦ Lapplia Bygdemuseum, Skansnäset 275, 830 81 Norråker, 070/252 08 69, Informationen dazu finden Sie auf Facebook unter https://sv-se.facebook.com/lapplia.

Wandermöglichkeiten:

☞ *Karte S1, Seite 107*

Vitterstigen

Ein etwa 1 km langer, kinderfreundlicher Pfad in der Nähe des Ortes mit Informationsschildern über Tiere und Pflanzen sowie anderen für Kinder attraktiven Darstellungen. Der Pfad ist hinter dem Ortseingang von Hoting aus kommend beschildert.

Es gibt einen Grillplatz mit Windschutz.

Flottarstigen

Der „Flößersteig" wurde früher beim Flößen von Holzstämmen auf dem Fluss Sjoutälven genutzt. Er diente den Flößern dazu, längs des Flusses verhakte Baumstämme wieder flott zu machen, damit sie weitergeschwemmt wurden. Es gibt zwei Varianten, die längere davon ist markiert. Der Wanderpfad führt zur Flottarkojan, einer Schutzhütte mit Grillplatz am Sjoutälven.

☹ Der Weg ist nicht zu empfehlen, es ist eine längere Anfahrt über schmale Kieswege erforderlich. Der Wanderpfad selbst ist wenig begangen, sumpfig mit verfallenen Bohlenbrücken über Wasserläufe und schlecht markiert.

In Norråker finden sich mehrere Badeplätze.

Inge Badplats

Am Auslauf des Saxån in den Tåsjö liegt Inge Badplats, mit flachem und warmem Wasser und Liegewiesen. Ein Grillplatz, ein Windschutz, eine Trockentoilette und Umkleidemöglichkeiten sind vorhanden. Vom Ortsrand führt auch ein Wanderweg an diese Stelle.

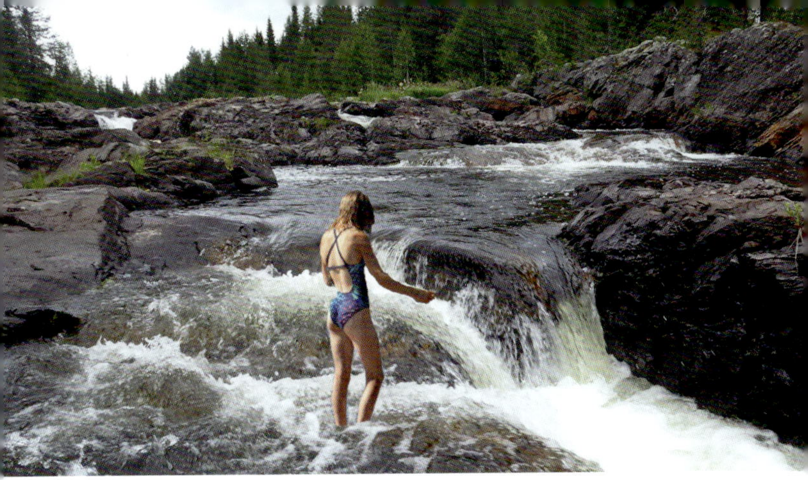

Bad in den Stromschnellen

Der Platz ist auch mit dem Auto zu erreichen. Fahren Sie in Richtung Saxåmon. An der Grenze zwischen Jämtland und Västerbotten hört der Asphaltbelag auf und Sie fahren nun auf einer Kiesstraße. Biegen Sie bei dem Schild „Storfallet“ links ab. Nach ca. 1 km gelangen Sie an die Brücke, die den Saxån überquert. Hier liegt links vor der Brücke der Badeplatz. Bei Niedrigwasser im Tåsjö kann es vorkommen, dass der Badeplatz trocken liegt.

Storfallet

Der bekannteste Badeplatz liegt an einem Rastplatz am Storfallet, einem Wasserfall am Saxälven. Biegen Sie bei Inge Badplats hinter der Brücke über den Saxån rechts ab. Es gibt dort keinen Wegweiser. Nach ca. 4,6 km sind Sie am Ziel. Ein Schild am Weg weist auf den Wasserfall hin, zu dem Sie auf einem Pfad über eine Reihe kleinerer Brücken gelangen. Der Badeplatz ist wie ein natürliches Erlebnisbad. Sie können je nach Wasserstand in den Stromschnellen baden. Das Wasser soll hier wärmer sein als im Tåsjön.

Wenn Sie mit Kindern unterwegs sind, beachten Sie bitte, dass das Wasser tief ist und stark strömt.

Der Rastplatz verfügt über Sitzgelegenheiten, Trockentoilette und Grillmöglichkeit. Auch mitten im Ort gibt es am Tåsjön einen Badeplatz mit Sandstrand, Umkleidemöglichkeit, Grillplatz und Spielplatz.

Von Dorotea nach Borgafjäll 101 km

Diese Straße ist ein Teil des Konstvägen sju älvar, einer touristischen Route zwischen Holmsund im Osten und Borgafjäll im südlichen Lapplandfjäll.

An der 350 km langen Gesamtstrecke liegen 13 verschiedene Kunstwerke, die man besichtigen kann.

Im Bereich zwischen Dorotea und Borgafjäll befinden sich vier davon.

0 Direkt vor dem Ort Dorotea stoßen Sie auf eine Straßenkreuzung, an der der Konstvägen sju älvar nach links abzweigt.

11 Schon kurz nach Dorotea liegt **Avaträsk** an der Strecke. Avaträsk ist ein lang gezogenes Dorf zwischen dem See Avaträsksjön und den Bergen Bräntberget und Nils-Bersberget.

Avaträsk

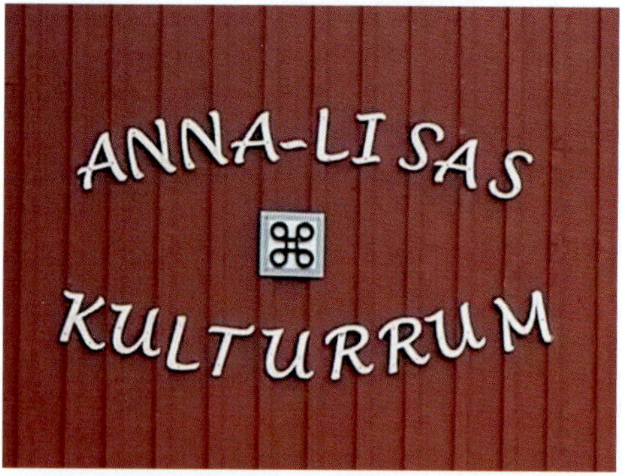

Anna-Lisas kulturrum

⌘ In Anna-Lisas kulturrum, 2003 eingerichtet, können Sie Werke der Künstlerin Anna-Lisa Grundström (1919-2011) besichtigen, die hier geboren wurde und in den ärmlichen Verhältnissen einer kleinen Landwirtschaft aufwuchs. Die eigene Kindheit inspirierte sie später zu kulturhistorischen Büchern über das Leben in der Lappmark.

Als Künstlerin malte sie in Öl, Aquarell und Akryl. Außerdem arbeitete sie mit Textilien.

♦ Kontaktperson für einen Besuch sind Eva Borgström, 070/551 55 44, und Yvonne G. Viklund, 073/097 66 11, Eintritt frei

Am Badholmen liegt ein Badeplatz am See.

23 Östra Ormsjö, das durch das Naturreservat Månsberget bekannt ist, ist erreicht.

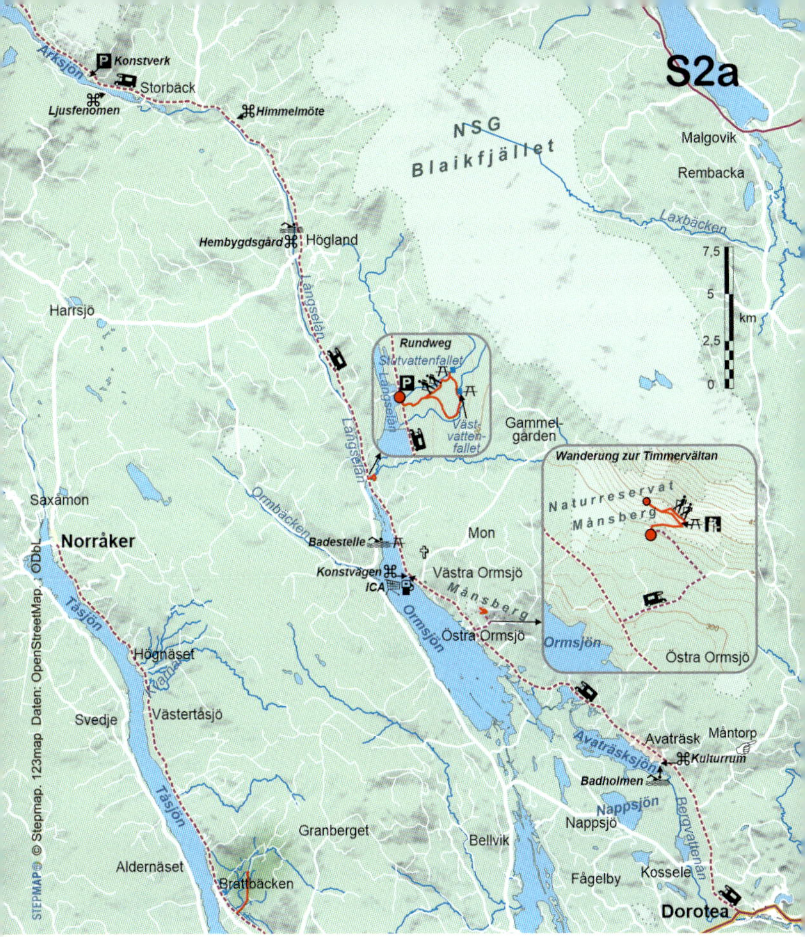

Östra Ormsjö

☞ *Karte S2a, oben*

Der Månsberget ist bekannt durch seine reichhaltige Flora. In dem blumenreichen Gebiet findet man bis zu acht verschiedene Orchideenarten, unter anderem den Frauenschuh. In den dichten Nadelwäldern gedeihen hohe Farne, Moose und viele Wildblumen.

Wandertipp: Wanderung zur Timmervältan

ca. 2 km, 1 Std. 10 Min., ↑ ↓ ca. 110 m/ca. 110 m, ⇧ 300-400 m, nicht markiert, *Karte S2a, Seite 113*

Der Weg führt Sie nicht nur durch die einzigartige Natur, sondern auch zu einer kulturell interessanten Stelle. An der Timmervältan gelangen Sie an eine aussichtsreiche Stelle, von der in früheren Zeiten Baumstämme über eine in den Wald geschlagene Lichtung herabgerollt wurden, um von da aus weitertransportiert zu werden.

Die Wanderung ist anspruchsvoll, denn sie weist einige Schwierigkeiten auf, bekommt dadurch aber auch ihren eigenen Reiz.

Die Anfahrt zum Startplatz ist nicht ausgeschildert. Der Wanderpfad führt durch naturbelassenen Wald, d. h., umgestürzte Bäume werden nicht beseitigt, sondern müssen umgangen werden.

In der Gegend sind ab und zu Braunbären gesichtet worden.

Alle Höhen- und Entfernungsangaben sind ungenau, da wegen des Steilhangs das GPS-Gerät unzureichend funktionierte.

Der Weg ist auf keiner Karte verzeichnet.

Anfahrt: Biegen Sie in Östra Ormsjö bei dem Schild Månsberget von der Landstraße ab und folgen Sie dem gekiesten Fahrweg bis zum Ortsschild. Dort zweigt links ein schmalerer Kiesweg ab, der nicht für große Wohnmobile oder Wohnwagengespanne geeignet ist. Folgen Sie dem Weg, bis er an ein paar Sommerhäusern endet. Dort ist von den Anwohnerinnen und Anwohnern eine Grasfläche freigemäht, die als gebührenfreier Parkplatz fungiert. Von hier aus können Sie das Informationsschild des Naturreservates am Waldrand sehen, zu dem ein ebenfalls freigemähter Weg führt. Das Schild informiert auf Schwedisch über die Besonderheiten des Reservates und zeigt eine grobe Übersichtskarte.

An der Übersichtskarte beginnt ein schmaler Pfad, der „grevevägen" (= gegrabener Weg), der am Hang in die Höhe steigt. Sie laufen durch naturbelassenen Urwald. Nach ca. 450 m teilt sich der Pfad. Halten Sie sich rechts und steigen Sie weiter, bis Sie auf einen Querweg stoßen, dem Sie nach links folgen.

Bald erreichen Sie eine Lichtung mit ⛼ Rastgelegenheit, Windschutz und Grillstelle, von der aus sich eine gerodete Fläche in die Tiefe zieht, in der Sie die Sommerhäuser und den Parkplatz sehen.

Ein Informationstafel erklärt auf Schwedisch und in geringerem Umfang auf Englisch die Bedeutung der gerodeten Fläche (Timmervältan).

Bis 1940 wurden hier geschlagene Baumstämme den Berg heruntergerollt, um dann weiter zum Ormsjö transportiert zu werden, auf dem sie dann weitergeflößt wurden.

Von hier aus hat man eine weite Aussicht über den See.

Wenn Sie dem Wanderpfad weiter folgen, gelangen Sie bei km 1 an eine Felsgruppe, von der man ebenfalls einen weiten Blick hat. Der Rückweg führt zunächst zurück zur Timmervältan. Entweder gehen Sie dann den gleichen Weg zurück, auf dem Sie gekommen sind, oder Sie biegen an der Wegverzweigung kurz hinter dem Rastplatz rechts ab und folgen dem Steig, der Sie zur ersten Weggabelung des Hinwegs führt, von der aus Sie wieder zum Parkplatz absteigen. Dieser zweite Weg ist steiler und führt stellenweise durch mannshohe Felder von Stormhatt (Eisenhut). Auf ihm liegen mehrfach umgestürzte Bäume, die Sie umgehen müssen.

⌘ Im Bereich des Ortes findet sich auch ein altes Fanggrubensystem für Wildtiere und ein „tjärdal", die Reste einer Anlage zur Holzteergewinnung. Auf dem Informationsschild am Beginn des Wanderpfades sind sie auf der Übersichtskarte eingezeichnet.

27 Sie gelangen nach Västra Ormsjö, einem kleinen Dorf mit Tankstelle und Einkaufsmöglichkeit.

Västra Ormsjö

⌘ Das Kunstwerk „Återkallelse" (Abberufung) finden Sie kurz hinter dem ICA auf der linken Seite. Informationen dazu finden Sie auf Schwedisch auf großen Infotafeln an der Außenwand des ICA.

1936 verunglückte auf dem See ein überlastetes Motorboot beim Flößen von Holz. Bei dem Unglück starben 14 Menschen.

2004 wurde von der Künstlerin Monika Larsen Dennis im Rahmen des Projektes „Konstvägen sju älvar" ein Kunstwerk an dieser Stelle geschaffen, das an diesen Unglücksfall erinnern soll. Das Werk stellt zwei Gebetsbänke dar, zwischen ihnen sieht man auf die Stelle im See, an der das Unglück geschah.

✞ Die Kapelle in Ormsjö wurde 1944 ebenfalls im Zusammenhang mit dem Unglück erbaut.

Eine Badestelle liegt am Ortsrand in Richtung Borgafjäll.

35 Hier liegt rechts der Straße in den Wäldern ein Gebiet, das „Bäcka" genannt wird. Zwei Bäche, Stutvattenbäcken und Västvattenbäcken, die früher zum Flößen von geschlagenem Holz benutzt wurden, fließen hier unter starkem Gefälle von den Höhen herab in den Långseleån.

Wandertipp: Rundweg

1,45 km, 35 Min., ↑ ↓ 36 m/36 m, ⇧ 260-290 m,
teilweise beschildert, *☞ Karte S2a, Seite 113*

Ein kurzer Rundweg führt Sie durch den Wald zu zwei sehenswerten Wasserfällen, dem Stutvattenfallet und dem Västvattenfallet.

Parken Sie auf einer Parkfläche an der Straße kurz vor der Abzweigung nach Bellvik. Gehen Sie dann zurück über die Brücke über den Stutvattenbäcken und biegen dann in den Weg links ab. Er führt über einen freien Platz nach ca. 220 m zu einer Verzweigung, an der Sie sich rechts halten. Am Västvattenbäcken entlang geht es bis zur ersten Aussicht auf den Västvattenfallet.

Die steilen Ufer sind zunächst unbefestigt, es besteht Abrutschgefahr.

Ein Stück weiter haben Sie einen besseren Blick auf den Wasserfall. An dieser Stelle ist das Steilufer gesichert. Ein Rastplatz mit Schutzhütte ist hier zu finden. Unterhalb des Wasserfalls sieht man zwei Betonfundamente, auf denen früher eine Wasserrinne ruhte, in der das Holz geflößt wurde, damit es sich nicht unterhalb des Wasserfalls staute. Queren Sie nun links hinüber zum Stutvattenfallet. Auch hier gibt es einen Rastplatz. Das gesicherte Steilufer bietet mehrere imposante Ausblicke auf den Wasserfall. Der Weg führt nun zurück zur ersten Weggabelung, von der aus Sie zurück zum Parkplatz laufen.

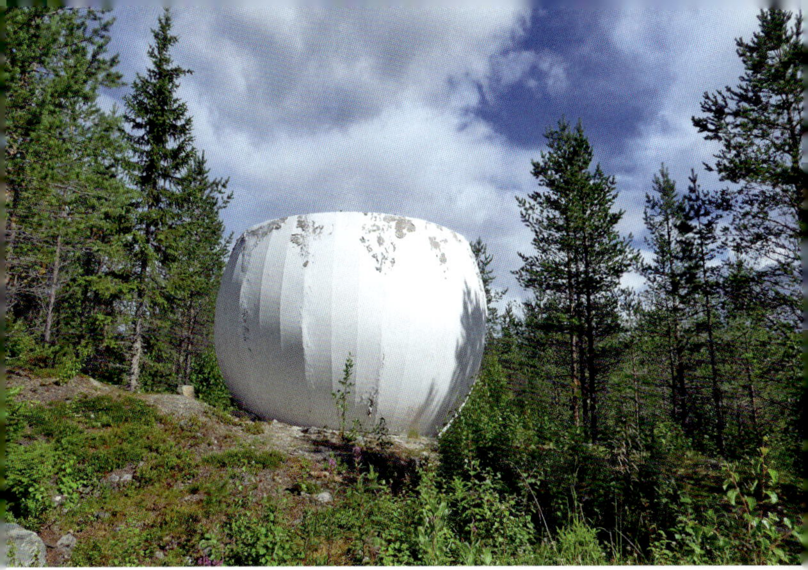

Himmelsmöte

47 Högland ist der nächste Ort. Er liegt landschaftlich schön an dem Bach Långseleån.

Högland ⌘

⌘ Biegen Sie kurz hinter dem Ortseingang nach links ab und folgen der Beschilderung zum Hembygdsgård.

Das Freilichtmuseum Hembygdsgård Sågbacken bietet viele alte, in den 80er-Jahren des vorigen Jahrhunderts restaurierte Gebäude, unter anderem eine Backstube, Schmiede, Rauchsauna und eine wassergetriebene Mühle und ein Sägewerk aus der Zeit um 1850.

Jedes Jahr im Juli wird die Säge am „hembygdsdag" in Betrieb genommen.

frei zugänglich, solange keine Veranstaltungen stattfinden

⌘ 5 km westlich des Ortes stoßen Sie auf das zum Konstvägen sju älvar gehörende Kunstwerk „Himmelsmöte" von Solfried Mortensen, das an dieser Stelle 1998 errichtet wurde.

Die abgerundete Form erinnert an ein riesiges Vogelei. Das Kunstwerk kann betreten werden und weist eine große Öffnung nach oben auf, durch die der Himmel betrachtet werden kann.

Treten Sie ein, legen Sie sich auf den Boden, schauen Sie in den Himmel und genießen Sie meditative Augenblicke.

61 **Storbäck** mit einem weiteren Kunstwerk liegt vor ihnen.

⌘ Auf der anderen Seite des Sees Arksjön liegt das ebenfalls zum Konsvägen sju älvar gehörende, 1998 installierte Kunstwerk „Ett ljusfenomen" von Olof Täll-ström. Das Kunstwerk besteht aus einem weiten Ring von 32 Pfählen, die mit je einem Scheinwerfer versehen sind und eine Illumination bieten, die sich im Wasser des Sees spiegelt. Heute ist das Gebiet von Bäumen überwachsen, die dadurch die Installation im Laufe der Zeit verändert haben.

⛼ Ein Rastplatz mit Informationen dazu liegt an der Landstraße.

71 **Risbäck**

⌘ In **Risbäck** befindet sich in der Nähe der Kirche ein „Hembygdsgård" (Heimatmuseum), in dem sich mehr als 400 Gebrauchsgegenstände aus der Zeit der Besiedlung dieses Gebietes befinden. Ebenso verfügt das Museum über eine Sammlung von Gegenständen aus der samischen Kultur.

♦ Museum, Arksjövägen,
💻 https://risback-vastsjo.se/sevardheter.html#hembygdsomradet, Buchung durch Anita Lindh, 📱 070/275 01 28, oder Carin Mattsson, 📱 070/60 873 19, Eintrittspreis SEK 20 pro Person

⌘ Die dahinterliegende Backstube, die zu der Anlage gehört, kann für den Eigenbedarf gemietet werden.

♦ Bagarstugan, Buchung durch Anita Lindh ☏ 070/275 01 28,
Mietpreis SEK 100 pro Tag

Auch eine Rekonstruktion von Lill-Månkes Kyrkkota (Kirchenkota) findet sich.

Lill-Månke (1856-1940) hieß eigentlich Magnus Vigilius Fjällström und war ein erfolgreicher samischer Rentierzüchter. Den Beinamen „Lill" (klein) erhielt er wegen seiner geringen Körpergröße, denn er war nur ca. 120 cm groß. Sein Leben ist auch in Büchern beschrieben worden.

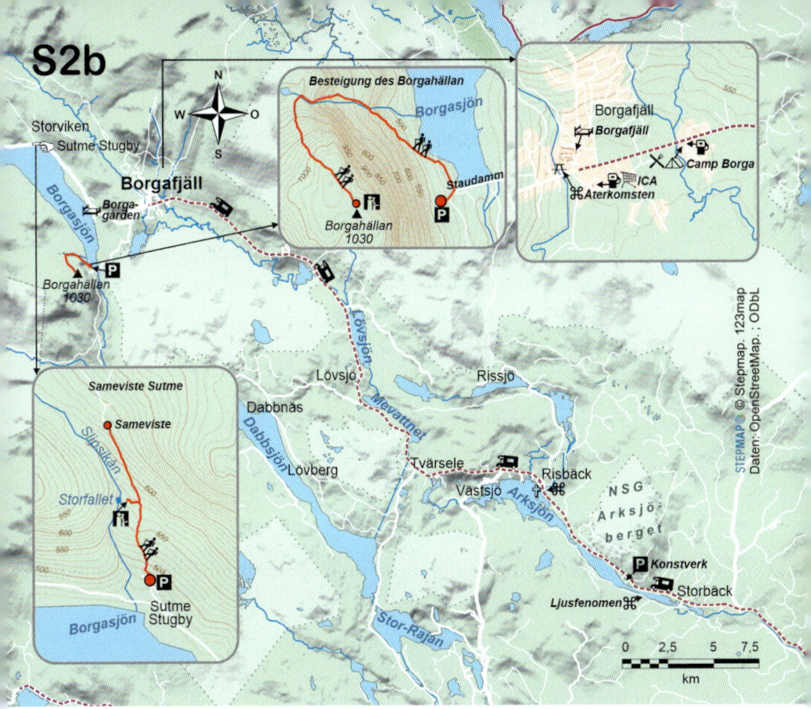

101 In Borgafjäll liegt der Endpunkt der Route. Das kleine Bergdorf am Ende des Konstvägen sju älvar liegt landschaftlich schön zwischen den Bergen des Borgafjäll. Es gilt als Zentrum der hiesigen Rentierzüchterinnen und -züchter. Der Ort hat Versorgungseinrichtungen für die kleinen Weiler in der Umgebung und eine entsprechende Infrastruktur, z. B. Tankstelle, ICA, Hotel und Campingplatz. Borgafjäll bietet eine große Auswahl an Wintersportmöglichkeiten.

Borgafjäll

Camp Borga, Avasjövägen 5, 917 04 Borgafjäll, ☏ 09 42/420 42, info@borgasnowcamp.se, http://www.borgafjall.se/camp-borga, ganzjährig geöffnet. Der Campingplatz verfügt über 36 Stellplätze und 8 Hütten zur Übernachtung, Stellplatz mit Strom SEK 350, Hütte SEK 495. Die Rezeption befindet sich im Restaurant Johannas Fjällkrog, das zum Campingplatz gehört.

Hotell Borgafjäll, Avasjövägen 10, 917 04 Borgafjäll, Västerbottens län, ☏ 09 42/421 00, info@borgafjallhotell, https://borgafjallhotell.se, Doppelzimmer SEK 1.540. Das Hotel verfügt über ein Restaurant und einen Pub. Ein Fitnesscenter mit Spa ist vorhanden.

♦ Borgagården, Gästgivaregården Borgagfjäll, Borgavägen 23, 917 04 Borgafjäll, ☏ 09 42/420 22, post@borgagarden.se, borgagarden.se. Borgagården verfügt über ein großes Angebot an Übernachtungshütten mit vier bzw. sechs Betten, Hütten ab SEK 850. Ein Restaurant bietet Mahlzeiten, es muss aber vorgebucht werden. Der Pub ist im Western-Stil eingerichtet.

⌘ Kunstwerk „Återkomsten"

Das Kunstwerk „Återkomsten" (= Rückkehr) ist das letzte des Konstvägen sju älvar und wurde 2013 von der Künstlerin Monica L. Edmondson geschaffen. Es liegt in der Nähe des Hotels Borgafjäll.

Der Stein, aus dem es geschaffen wurde, soll an das Borgafjäll erinnern, das als „heiliges Fjäll" gilt. Das Werk soll auf die samische Kultur in dieser Landschaft hinweisen. Die Farben im Glas sind die typischen samischen Farben, die Form des Glases ist der Form einer samischen Zaubertrommel nachempfunden.

An dem Bach daneben befindet sich ein Rastplatz.

Von Borgafjäll aus bieten sich verschiedene Wandermöglichkeiten an:

☞ *Karte S2b, Seite 119*

Lapplandsleden

Hier beginnt der Lapplandsleden, eine Verlängerung des Kungsleden zwischen Hemavan und Borgafjäll. Die Routenführung des Wanderwegs, der bereits bestehende Strecken mit neu angelegten kombiniert, wurde in Zusammenarbeit mit den örtlichen Rentierzüchterinnen und -züchtern festgelegt, um Störungen der Herden zu vermeiden. Vier unbemannte Hütten zur Übernachtung wurden angelegt (Arevattnet, Åtnikstugan, Tjåkkelestugan und Slipsikstugan), die aber nicht ausreichen, um die gesamte Strecke von 190 km ohne Zelt wandern zu können. Der Weg ist mit Wintermarkierung (rote Holzkreuze) und Sommermarkierung (rote Farbtupfer) versehen.

Wanderweg von Borgafjäll hinüber nach Saxnäs

Auf dem ca. 21 km langen Pfad können Sie über das Fjäll nach Saxnäs wandern. Die Wanderung ist nur als eine Zweitageswanderung mit Zwischenübernachtung in Saxnäs sinnvoll, da Sie den Weg am nächsten Tag dann wieder zurückwandern müssen

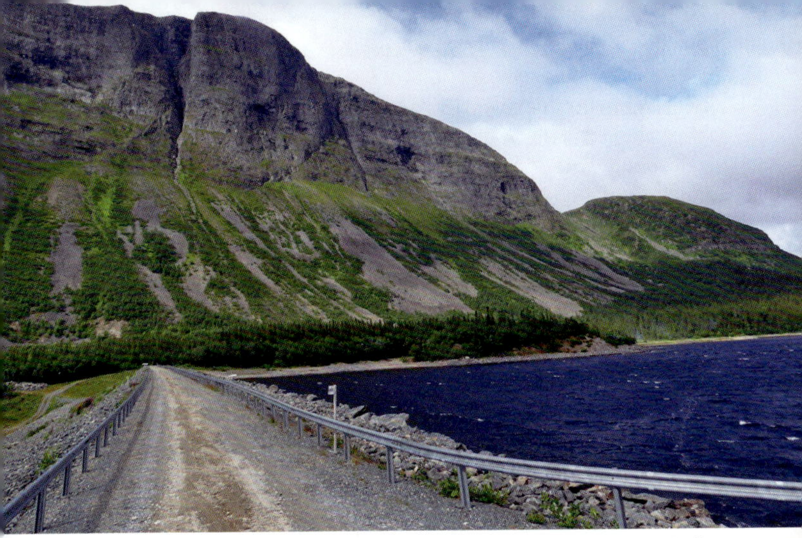

Borgahällan

Der Wanderpfad führt landschaftlich reizvoll mit weiten Aussichten über das Kalfjäll. Die letzten 5 km vor Saxnäs bestehen aus einer gekiesten Fahrstraße.

Besteigung des Borgahällan

Die markante, 700 m steil abfallende Wand des Borgahällan lockt viele Wanderinnen und Wanderer zu einer Besteigung des Berges.

Biegen Sie im Ort bei der Beschilderung „Borgadammen" ab und folgen Sie der Kiesstraße bis zu dem Damm, mit dem der See Borgasjön aufgestaut ist. Überqueren Sie den Damm und parken Sie auf der anderen Seite. Direkt vor Ihnen ragt nun die mächtige Steilwand des Borgahällan in die Höhe. Hinter dem Damm beginnt ein Wanderweg, der zunächst am See entlangführt. Bald zweigt ein Pfad ab, der Sie in einem steilen Taleinschnitt nach oben führt, wo Sie in einer Höhe von ca. 840 m auf einen kleinen See stoßen. Hier können Sie rasten und die Wanderung abschließen oder weiter auf den Gipfel steigen.

Für Letzteres folgen Sie dem Bergrücken nach oben, bis Sie die Bergspitze erreicht haben. Von dort oben haben Sie einen fantastischen Blick über das Land. Der Rückweg erfolgt auf der gleichen Strecke. Der Höhenunterschied auf der Strecke beträgt in etwa 560 m.

14 km von Borgafjäll entfernt liegt Sutme.

Wandertipp: Sameviste Sutme

2,8 km, 1 Std. 10 Min., ↑ ↓ 170 m/170 m, ⇧ 500-640 m, beschildert, *Karte S2b, Seite 119*

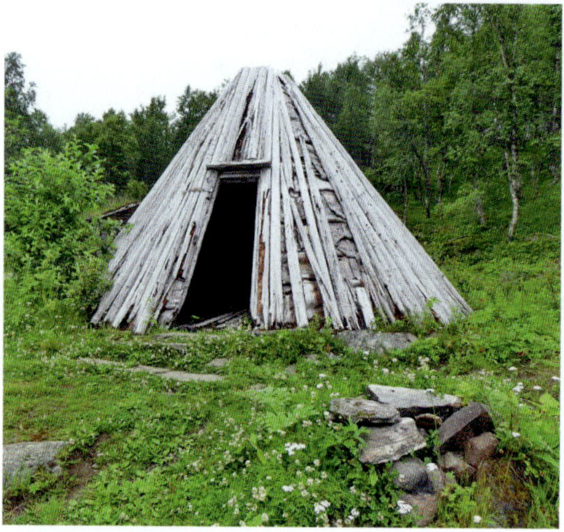

Sameviste Sutme

Von Sutme Stugby aus können Sie auf einem ansteigenden Wanderweg vorbei an dem Wasserfall Storfallet die restaurierte Samensiedlung Sutme erreichen.

Anfahrt: Fahren Sie auf dem gekiesten Fahrweg von Borgafjäll aus in Richtung Sutme. Nach 14 km stoßen Sie auf die Ferienhaussiedlung Sutme Stugby. Biegen Sie dort ab und parken Sie.

Hier beginnt der ausgeschilderte Wanderpfad zur Sameviste. Der Pfad steigt sofort über eine Freifläche an und taucht dann in den Birkenwald ein. Nach ca. 550 m zweigt links ein Pfad ab zum Storfallet, einem 10 m hohen Wasserfall des Slipsikån. Wenn Sie dem Pfad folgen, erreichen Sie kurz darauf eine Stelle, von der aus Sie einen schönen Blick auf den Wasserfall haben.

Gehen Sie am Abzweig geradeaus weiter, erreichen Sie bei km 1,4 die Sameviste mit ihren Kotas und Hütten. Eine Informationstafel gibt auf Schwedisch und Englisch Auskunft über die Bedeutung des Ortes.

In dieser Samensiedlung haben Saminnen und Samen mindestens 200 Jahre lang im Frühling und Herbst gelebt. Hier wurde intensive Rentierhaltung betrieben, bei der die Rentiere täglich gemolken wurden. Erst 1968 gab es die letzte Familie auf, ausschließlich in einer Kota zu wohnen, und zog in ein Haus um.

In der Samensiedlung wurde von 1926 bis 1950 auch eine Schule betrieben. Es gab eine Schulkota, eine Behausung für die Lehrperson, eine für die Hausmutter und eine für die Schülerinnen und Schüler.

Björnvägen 88 km

☞ *Karte 8, Seite 103*

Der Name „Bärenweg“ deutet schon darauf hin, dass diese Seitenstraße mit der offiziellen Nummer 801 durch ein Gebiet mit einer großen Bärenpopulation führt.

Westlich des Gewässergebietes Vattudalen verläuft die Straße von Bågede bis herunter nach Strömsund, wo sie kurz vor der Stadt auf die Straße 339 stößt. Die gesamte Straße ist nicht asphaltiert.

Seit 2014 trägt die Straße den Beinamen „Björnvägen“, angeregt durch den Kulturverein von Hillesand. Auch die Beschilderung erfolgt mit dieser Bezeichnung. Im Gebiet des Björnvägen sind die Chancen auf Wildbeobachtungen groß. Mit etwas Glück entdecken Sie Elche, Rehe, Raubvögel, Birkhühner und, mit noch mehr Glück, einen Bären. Etwa 300-400 Braunbären sollen im Gebiet von Strömsunds Kommune leben, haben Bestandsaufnahmen ergeben.

Denken Sie aber daran, dass Tierbeobachtungen nicht planbar sind. Tipps von Einheimischen können aber helfen.

Am See Stora-Ringsjön sollen die Chancen auf eine Bärenbeobachtung am größten sein. Selbst professionelle Fotografinnen und Fotografen sollen hier fündig geworden sein.

0 In Bågede biegen Sie vom Vildmarksvägen nach rechts ab auf den Björnvägen.

15 Nach 15 km erreichen Sie **Svaningen,** eine ehemalige Holzfällersiedlung. Sie liegt in einer ursprünglichen Naturlandschaft. Genießen Sie den Anblick der Weiten, der Berge und der klaren Seen.

Svaningen

Camping Svaningen, Svaningen 325, 833 94 Strömsund, 070/267 07 14, 1. Juni-15. September. Der kleine Campingplatz ist in der Mitte des Ortes am See gelegen. Er verfügt über 25 Stellplätze, von denen acht einen Elektroanschluss haben, SEK 190. Die Ausstattung besteht aus Küche, Dusche und WC.

Svaninge Herrgård, +49 (0)1 72/408 27 28, werner@mohrbach.info, https://www.svaningen.info. Der Herrgård liegt hoch über dem Ort mit schönem Blick auf den See und bietet eine Reihe von Ferienhäusern an, die über einen deutschen Vermieter angeboten werden. Bettwäsche und Handtücher sind allerdings mitzubringen, Preise auf Anfrage.

Auf dem Gebiet des Herrgård gibt es einen Grillplatz, eine Grillkota, einen Räucherofen, eine Badetonne und eine Steinofenbackstube, die von Mieterinnen und Mietern der Häuser benutzt werden können.

Vildmarkskirche

Die Kirche mit diesem Beinamen steht auf dem Gebiet des Herrgård.

Sie wurde 1990 eingeweiht und ist im Blockhausstil erbaut. Das Material dazu stammt zum Teil von älteren Gebäuden. Der Glockenturm steht separat.

Die Kirche kann von Mai bis September besucht werden. In dieser Zeit ist die Tür unverschlossen. Zu anderen Terminen ist ein Besuch nur möglich, wenn der Herrgård bewohnt ist.

48 **Vedjeön** heißt die nächste Siedlung auf der einsamen Strecke.

Vedjeön

Nordic Husky Farm, Katerina Paleckova & Jachym Lukes, Vedjeön 165, 833 94 Strömsund, 076/826 92 56 und 076 134 08 70, info@nordichuskyfarm.com. https://www.nordichuskyfarm.com, ganzjährig, Stellplatz mit Strom SEK 250, Hütten (1-2 Personen) ab SEK 790, Zimmer mit Frühstück (1-2 Personen) SEK 960. InfoPoint. Ein Aktivitätsprogramm, das vorgebucht werden muss, wird angeboten: Kennelbesuch, Spaziergänge mit Sibirischen Huskies, Bibersafari, Kräuterwanderungen, Angeln, Schlittenhundetouren im Herbst und Winter, Bootsverleih. Ein Sommercafé bietet von Juni bis Anfang September Spezialitäten an: Pizza mit wilden Kräutern und Ziegenkäse, selbst gebackenen Paj, Chutneys, Marmelade von wilden Beeren, geräuchertes Fleisch von Ren und Elch sowie Kaffee von lokalen Röstereien. Der Hofladen bietet Kräutertees, Salben, Marmelade, Kerzen, Holzschnitzarbeiten, Rentiergeweihe und Handwerksarbeiten lokaler Handwerker.

In Vedjeön gibt es auch zwei Badestrände.

59 Die letzte Station vor Strömsund ist **Renålandet.**

Renålandet

⌘ Rivallen ist ein schön am See Renåsjön gelegener Rastplatz an einer kulthistorisch interessanten Stelle. Informationstafeln berichten von der historischen Bedeutung des Platzes als Ort der Einwanderung und Auswanderung. Vom Parkplatz an der Straße, etwa 1 km nördlich des heutigen Dorfes, erreichen Sie den

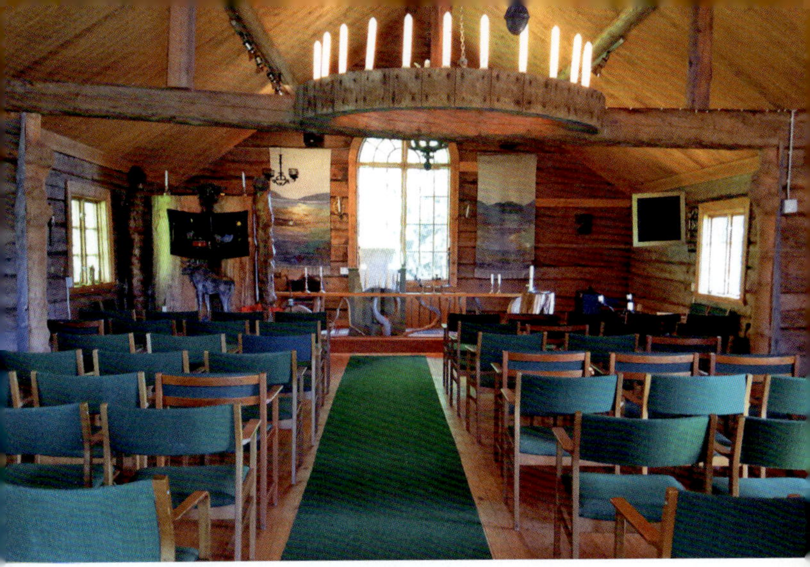

Vildmarkskirche © Werner Mohrbach

Platz über einen 800 m langen, gut angelegten Weg, auf dem Wasserläufe überbrückt und sumpfige Stelle überstegt sind.

Auch vom See her ist der Platz erreichbar. Mit dem Boot oder Kanu kann an einem Steg angelegt werden.

Der Platz bietet Wetterschutz, Bänke und Tische zum Rasten, Grillstelle und Trockentoilette.

An dieser Stelle wanderten vor 350 Jahren sogenannte „Svedje-Finnar" ein, Finninnen und Finnen, die mit Brandrodung versuchten, das Gebiet urbar zu machen. Ortsbezeichnungen wie „Finnbäcken" für einen Bach oder „Finnmyren" für ein Moor zeugen heute noch von dieser Zeit. Aus juristischen Gründen mussten diese Einwanderinnen und Einwanderer den Siedlungsplatz später räumen.

Ein „Torp", eine kleine Siedlung, wurde angelegt. Vor 150 Jahren gab es dann eine Welle der Emigration. Viele wanderten nach Nordamerika aus, um den Notzeiten zu entgehen.

Ein Sandstrand lädt zu Baden ein.

 In Strömsund haben Sie das Ende des Björnvägen erreicht.

Index

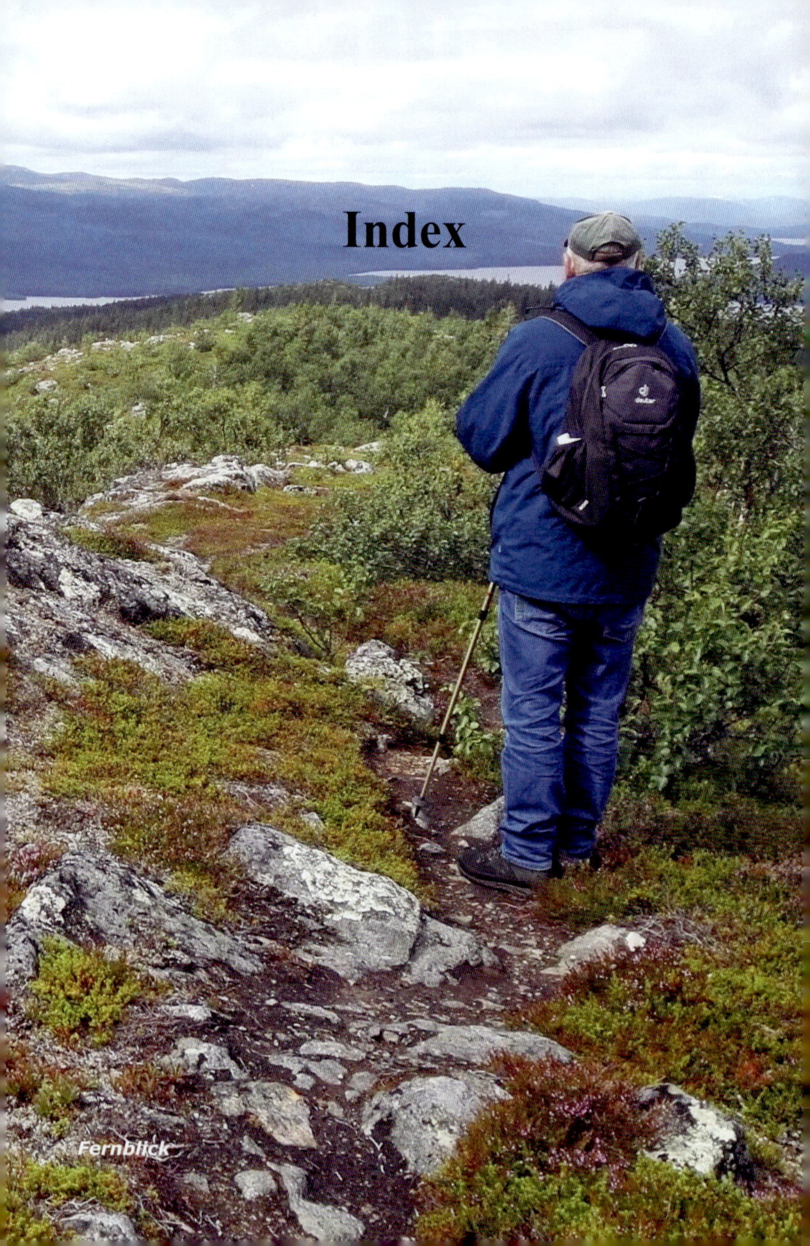

Fernblick